Aloha

アロハ!

ヒューレン博士と
ホ・オポノポノの言葉

イハレアカラ・ヒューレン＝監修
平良アイリーン＝著

サンマーク出版

©Chiho Ushio

Ihaleakala Hew Len, ph.D.

ALOHA

アロハ

[əlóʊha]

✷

Aloha

ある日、ヒューレン博士と会ったとき、嬉しさあまって元気に「アロハ！」と声をかけてみた。ハワイに行けば一日に何度も耳にする、あの「アロ〜ハ！」の挨拶だ。するとと博士は「その気持ち、いつまでも誰に対しても、どんなときも大切にしてほしい」と言って、ホ・オポノポノの「アロハ」の意味を教えてくれた。

『アロハ』とは、〈今わたしはかみさまの目の前にいます〉という意味だよ。わたしもあなたもあの花も、今あなたが履いているその靴でさえも神聖なる存在が創り出した完璧な存在。たとえどんなものが目の前に現れたとしても、すべての先には神聖なる存在、もっと無限で偉大な何かが広がっているんだよ」

もしも目の前にいる相手やモノ、出来事に対して、そんな神聖さを感じられなかったり、あるがままに受け入れられないとしたら、まったく美しく思えないとしたら、または悲しそうに見えたり、いやだなあと感じたら……。

博士曰《いわ》く、その原因は相手にあるのではなく、わたしの中で再生されている記憶なのだそうだ。

何か問題を体験したとしたら、それは、完璧なものを完璧な状態として見えさせない何か（記憶）がわたしの中で再生されている証拠であり、同時に、それはクリーニングして記憶を消去することで、もともとのゼロで自由な自分に戻るチャンスがあるということ。これがホ・オポノポノの基本のコンセプト。

しかし、ほとんどの場合、わたしたちはこんなことを考えてはいられない。

誰かが攻撃をしかけてきたらもちろんよけなくてはならないし、洋服や靴が汚れていれば洗ったり、修理をしたりする。

それでも、同時にホ・オポノポノをしてみると、一体どんなことが起きるのだろう。

博士曰く、気持ちを込めても込めなくても「アロハ」を言えば、そのとたんわたしの中で記憶のクリーニングがスタートし、わたしと相手のあいだで本来の完璧で神聖な関係を取り戻しはじめる。

無理矢理醜いものを美しいと思い込むのではなく、今わたしが相手の中に見える隔たりに対して、丁寧にクリーニングをしていくと、「アロハ」のスピリットは、まず自分自身に届き、問題の真の原因は次第に消去され、この瞬間からわたしも相手も本来の正しい方向へ進んでいく。

相手に対して自分の中に反応があったら「アロハ」。
見たくないものを見るときも「アロハ」。
自分のことが好きになれないときはもっともっと「アロハ」。

言葉に出しても出さなくても、今日一日出会う人、出来事、言葉、景色、自分自身にいつも「アロハ」を与えていきたい。起きることすべてが、わたしに自由になるチャンスを与えてくれている。
わたしの「ホ・オポノポノ」との出会いは、そんな「アロハ」のスピリットを知るところから始まった。

ホ・オポノポノって？

実践中の方も、はじめて出会う方も、ハワイの秘法ホ・オポノポノをもう一度おさらいしてみましょう。

古代ハワイのホ・オポノポノからセルフ・アイデンティティー・スルー・ホ・オポノポノへ

ホ・オポノポノとは、古代ハワイに伝わる問題解決法のこと。けんかや争い、病気など、自分たちでは解決できない問題が起きたときに、ネイティブハワイアンの特定の人間を仲介にはさんで実践されてきた問題解決方法です。

語源から見ると「ホ・オ」は目標・道、「ポノポノ」は完璧という意味。つまり「ホ・

オポノポノ」とは、今ある誤りをもともとの完璧な場所に正すことを意味します。

これをハワイ伝統医療スペシャリスト（カフナ）で人間州宝である故モーナ・ナラマク・シメオナ女史が、人種や宗教、年齢や性別にかかわらず、誰でも自分ひとりでどんなときでも活用できるようにしたものを「セルフ・アイデンティティー・スルー・ホ・オポノポノ（以下ホ・オポノポノ）」と呼んでいます。

人間関係、お金や家族、健康やしごと、恋愛の問題、恨みやねたみ、コンプレックス、元気や自信がないなど、わたしたち人間が遭遇するあらゆる体験に対して、ホ・オポノポノは働きかけることができます。

すべて問題の原因は「記憶」の再生

ホ・オポノポノでは身のまわりで起こるさまざまな出来事（良いことも悪いことも、人間関係、金銭問題、病気、ケガ、家族、災害、海外で見る悲惨なニュース、試験の結果など）のほんとうの原因は、自分の潜在意識が溜《た》め込んできた記憶が再生していることだと考えます。

ここでいう「記憶」とは、お母さんのおなかから生まれてから、自分が体験してきた知覚的な記憶だけのことではありません。宇宙が始まってから創り出されたすべての存在（人間はもちろんのこと、ウサギやワカメなどの動植物から浜辺の岩やトランペットなんかの無機物まで）が体験してきたあらゆることを、わたしたちのウニヒピリ（潜在意識）は記憶として、限りなく長いあいだ溜め込んできました。

何世紀もの時を超えて溜め込まれてきたこの膨大な記憶を、わたしたちのウニヒピリ（潜在意識）は常に（なんと一秒間に千五百万ビット！）再生しています。そして、わたしたちが日ごろ体験する感情や出来事、問題はすべて、その再生された記憶の反映だというのです。わたしたちのほんとうの姿、本来ある状態は、ゼロ、自由、空っぽ、無、ピュアでまっさらな姿であり、そんなとき大いなる存在（ディヴィニティー、神聖なる存在、大いなる自然、かみ、宇宙、源など呼び方は自由です）と「ほんとうのわたし」はいつでもつながっています。

しかし、先ほどお話をした遠い過去から溜め込まれてきた膨大な記憶がわたしたちの中で再生されているとき、その大いなる存在とわたしの本来の完璧なつながりは絶たれ、完璧な情報を得ることもできなければ、真の自分を体験することもないのです。意識の中で毎秒千五百万もの記憶が再生されているのであれば、ほんとうの自分でいることのほうが至難の業。これこそが、わたしたちが日々直面している問題のほんとうの原因であり、その問題解決の方法がホ・オポノポノなのです。

「わたし」を構成する三つのセルフとディヴィニティー

ホ・オポノポノの問題解決の方法をお話しする前に、もう少し、「わたし」について見ていきたいと思います。「わたし」は三つのセルフ（自己）から構成されています。

・ウハネ（表面意識／母）……わたしたちが普段知覚している部分、頭を働かせる部分
・ウニヒピリ（潜在意識／子）……過去の記憶を溜め込み、感情やからだを使って、記憶を再生する部分
・アウマクア（超意識／父）……スピリチュアルでディヴィニティーとの架け橋となってくれる部分。

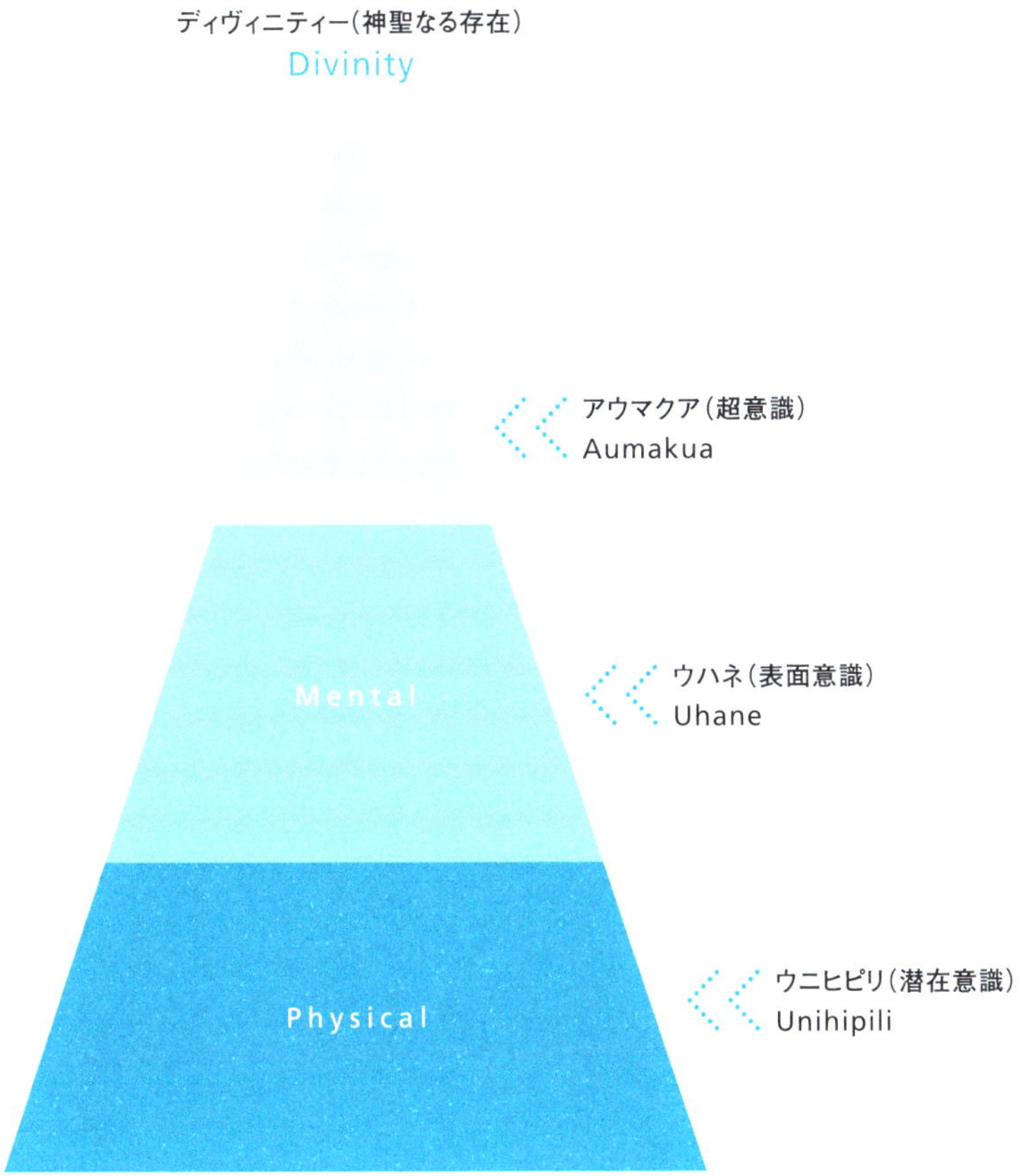

あなたを構成する三つのセルフ

この三つのセルフすべてで、「わたし」というひとつの自己が成り立っています。ただし、この三つのセルフのつながり方がどんな状態かによって、「わたし」の知覚する体験にも大きな変化が現れるのです。

11ページの上の三角形の図のように、母であるウハネが子であるウニヒピリをケアし、いつでも自分の中の三つのセルフがつながりあっているとき、わたしたちは本来のバランスのとれた状態となり、ディヴィニティー（神聖なる存在）から与えられているもの（それは愛やインスピレーションなどの完全な情報）をそのまま体験することができます。

ところが同じページの下の図のように、記憶の再生によって曇ってしまっているとき、ディヴィニティーとの架け橋となってくれるアウマクア（超意識）と断絶されます。そのとき、わたしたちはウニヒピリ（潜在意識）から再生される「記憶」の中に囚《とら》われ逃げ道はありません。

つまり、わたしたちはどんなときも「記憶」か「インスピレーション」、その二つのうち、どちらかを体験しているのです。

バランスがとれている状態

ウハネであるあなたがウニヒピリをケアし、
ディヴィニティーからインスピレーションが降りてきている

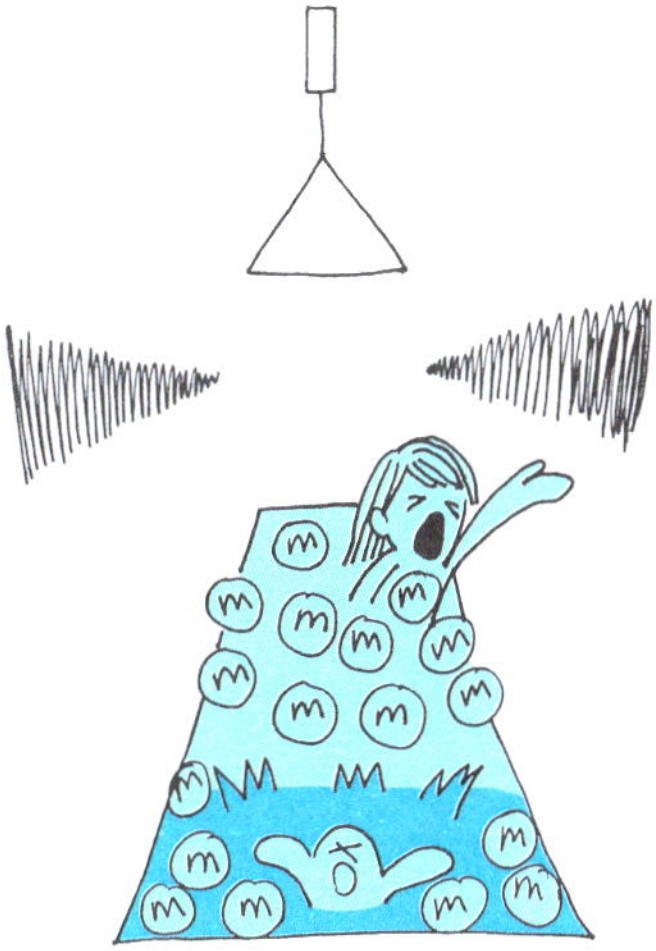

断絶されている状態

助けを外に求め、記憶が再生し続けている

さあ、クリーニングしましょう！

「わたし」を構成する三つのセルフをバランスのとれた状態に戻し、もう一度ディヴィニティー（神聖なる存在）とつながるためには、ウニヒピリ（潜在意識）に溜め込まれた記憶を消去し、手放さなくてはいけません。それがホ・オポノポノの問題解決法です。「クリーニング」と呼んでいます。

クリーニングのひとつ、代表的なものとして**「ありがとう」「ごめんなさい」「許してください」「愛しています」**という四つの言葉を、こころの中で繰り返す方法があります。こころを込めなくても、ただパソコンのデリートボタンを押すように、何か問題を体験したり、こころの中で感情が働くとき、この四つの言葉を繰り返すというとてもシンプルな方法です。または、**「愛しています」**（ここでも本気で問題そのものを無理矢理愛する必要はありません）の一言でもかまいません。

クリーニングをスタートすることができるのは他の誰でもない、表面意識である自分自身です。問題を体験している最中に現れる感情に向かって、または自分が関わる人、土地、プロジェクトに対して、四つの言葉を繰り返し語りかけます。あなた(表面意識)がクリーニングしているなとウニヒピリ(潜在意識)が知覚できたとき、問題の直接の原因となる記憶が消去されます。

期待するそのことが「記憶」です

ウニヒピリの中にある記憶は膨大な数です。わたしたちがクリーニングした結果、一体どの記憶が消去されたのか、わたしたちが知覚している表面意識の部分では認識できないということをあらかじめ知っておくことは、クリーニングを実践していくうえで、とても大事なポイント。

なぜならば、クリーニングの結果を気にするという「期待」それ自体が記憶なので、そこでまたクリーニングの流れが滞ってしまうからです。

なかなか難しいように聞こえますが、期待しないように頑張ったり、自然に湧いてしまう期待に罪悪感を持たなくても、「ああ、クリーニングしているのに、何も変わらないな、早く何か起きないかな」というような声が頭をよぎったら、すぐにクリーニングのチャンス！　とまたクリーニングして次に進んでいけばいいのです。

「クリーニングの結果にこだわらないように」

ヒューレン博士がそう話すのを何度か聞いた読者もいらっしゃるのではないでしょうか。

わたしは今まで実際にホ・オポノポノを通して、こんな素晴らしいことが起きた、病気が治った、問題が解決した！　という体験談を話してくださる方々と幾度もお会いしてきました。

そんな皆さんに共通して言えることは、皆さん、クリーニングそのものが目的であり、まるでクリーニングなんてしているのかわからないくらい自然な方々ばかり。結果に執着しない方ばかりなのです。

クリーニングしたら、その瞬間そのことを忘れてしまっているのではないかと思わされるほど、その後起きることにこだわりを持たれていないように感じます。

または、どんな問題に直面していようと、クリーニングを実践すること自体に心地よさを感じられているようです。そんな方々を目の当たりにして、日々わたしがどれだけ期待を持ってクリーニングしているのかにしばしば気づかされます。

そしてもうひとつ、記憶は決して悪い体験だけではない、ということを知っておいてください。長年の願いを達成したときの天にも昇るような幸福感もホ・オポノポノではクリーニングします。

何か問題にさしかかり、「一度クリーニングしたから終わり！」ではなく、記憶から自由になるチャンスとして、ウニヒピリ（潜在意識）がさまざまな場面で持ち上げてくれる出来事を、丁寧にひとつひとつクリーニングをすることで、ウニヒピリとの絆が育まれ、結果少しずつ自分自身が本来のゼロの状態に戻っていくことこそがホ・オポノポノの目的です。

困ったときの神頼みではなく、良いときも悪いときも、日々の生活でまるで呼吸をするように、クリーニングができるようになりたいものです。

イハレアカラ・ヒューレン博士について

故モーナ女史が編み出した現代版ホ・オポノポノを当時よりこつこつと続けてきた人たちがいます。そのうちのひとりで、ホ・オポノポノが世界的に知られるきっかけとなったのがハワイ生まれハワイ育ち、イハレアカラ・ヒューレン博士の存在です。

モーナ女史とともに何度も国際機関や世界的なイベント会場などでスピーチをし、精神科医として担当したハワイの高度精神犯罪患者が収容される病院では、クリーニングを行った結果、全員が退院したという逸話で世界的に有名になりました。現在もアメリカ、ヨーロッパ、アラブ諸国、日本、韓国、台湾、香港など、世界中で「セルフ・アイデンティティー・スルー・ホ・オポノポノ」の講演会を行っています。

自然が大好きなヒューレン博士は、時に口にされる言葉が不思議で厳しいこともあるけれど、博士のそばにいると味わったことがないくらいにこころが静まり、まるで大木のそばで安らいでいるような穏やかさを体験させられます。

※ホ・オポノポノの実践方法をさらに学びたい方は、ぜひ現在出版中のＳＩＴＨが推薦している書籍をお読みください。

はじめに（ヒューレン博士との出会いについて）

わたしは二〇〇七年の十一月、はじめてヒューレン博士が来日した際の講演会に参加しました。ホ・オポノポノの存在を知った母がアメリカのロスアンゼルスにクラスを受けに行き、その二か月後、博士を日本にお招きしてクラスを開催したことがきっかけです。

正直なところ、はじめてのクラスでは、あまり意味がわかりませんでした。しかし、潜在意識を指す「ウニヒピリ」のことを学んだとき、なぜだか、ぴんとくるものがありました。長いこと忘れていた自分の一部をようやく思い出せた安心と驚きがこころの中から湧き上がってきたのです。

当時、わたしはまだ別の仕事をしていましたが、博士の第一回目の来日中のある週末に母に頼まれ、アシスタントとしてヒューレン博士の雑誌インタビューに同行することになりました。突然のことだったので何をしたらいいのかよくわからず、移動中もみんなのいちばん後ろで邪魔にならないように荷物を持ってついて行きました。
ぼーっとしながら歩いていると、隣にはいつのまにかヒューレン博士がいました。
わたしがのろのろしているからだと思い、あわてて早歩きで進もうとすると、博士はわたしを止めて言ったのです。

「痛みはね、いつでも全部自分の中にある。外にはないんだよ」

黙って止まったわたしに博士はこう続けました。

「そして、その痛みをあなたは手放すことができるんだ。誰に頼らなくても」

そう言って博士はわたしの手をとり、そばに植えてあった一本のイチョウの木にかざすようにしました。

『『アイスブルー』とこころの中で唱えてから、こうして植物に触れさせてもらうんだよ。あなたが痛みから解放され、自由になるために協力してくれる存在がこんな近くにいるのだからね。あなたの中にもずっと長いこと、あなたを待っていた存在がいるんだよ。あなたがクリーニングして、自由になって、ほんとうの自分を取り戻すのを心待ちにしているよ」

※「アイスブルー」ホ・オポノポノの代表的なクリーニングツールのひとつ。「アイスブルー」とこころの中で言って、植物に優しく触れることで、植物のピュアなエネルギーによって記憶を消去します。

博士はそう言うと、またスタスタと先に歩いて行きました。とっさのことだったのでびっくりしましたが、わたしはすぐさま言われたとおり、「アイスブルー」とこころの中で唱えてから、イチョウの木の幹にそっと触れてみました。

何かが突然劇的に変化したわけではありません。しかし、素直にやってみたその瞬間、わたしはわたしに「ありがとう」と自然と言いたくなったのです。不思議とこころが穏やかになり、落ち着きを取り戻しているわたしがいました。

これが、わたしとわたしのウニヒピリが初めて触れ合った体験です。

✷

Aloha

この本は、わたしがヒューレン博士と講演期間中に同行させていただいているあいだや、事務的なメールのやり取りの中で、口数の少ない博士がふと話してくれた言葉を拾い集め、まとめたものです。

博士の言葉をよりわかりやすくするため、青色の文字で強調しています。

どんなときに博士がそれをお話しになったのか、具体的にするためにあえて、当時のわたし自身の体験や感情もここに書き記しました。

問題が山積みのとき、時にクリーニングなんてしたくないと思うことがあります。未熟なわたしは疲れきって、自分を見失うこともよくあります。そんなとき、今までメモに残してきた、博士の何気ない言葉がいつもわたしの背中を優しく押してくれました。

「ほんとうの自分」を取り戻し、豊かに生きようとするすべての方に向けられた言葉たちを本書の中でご紹介させてください。

二〇一三年一月吉日

平良アイリーン

Aloha

アロハ!

ヒューレン博士と
ホ・オポノポノの言葉

目次

写真　潮千穂
本文DTP　ジェイアート
ブックデザイン　アルビレオ
制作協力　セリーン（株）
編集　鈴木七沖（サンマーク出版）

Thank you

I love you

I'm sorry

please forgive me

Aloha

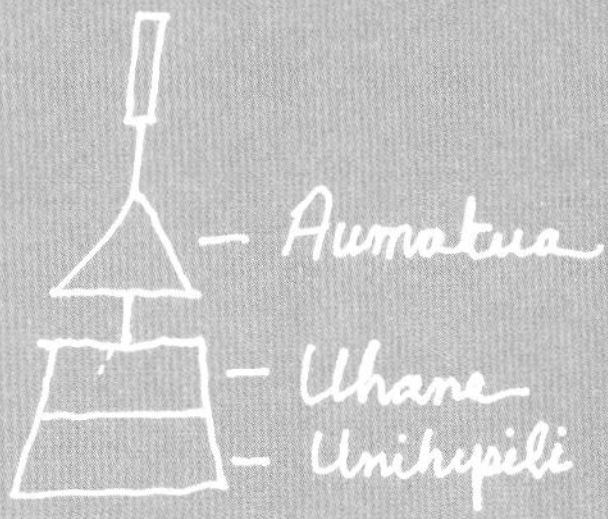

恐怖（記憶）か愛（インスピレーション）か、わたしたちは毎瞬ふたつのうち、ひとつしか選べない

ある友人とのあいだに生じた問題を抱えていたとき、やることなすこと、さらには言うことすべてが裏目に出てしまうときがあった。

無理をして相手やその場の空気に合わせながら行動しようとすると、後から襲ってくる喪失感でからだの調子までおかしくなり、反対に勇気を出して意見を伝えてみたところ、険悪なムードはますます悪化してしまった。

そんなある日、来日中の博士と博士が宿泊中のホテルで朝ご飯をいっしょに食べていたときのこと。博士はコーヒーを注ぎに来てくれたウェイターさんにお礼を言ったあと、突然わたしにこんなことを言った。

「恐怖か愛か、そのどちらかしか選べない。あなたは今どちらを選択した？」

✷

恐怖（記憶）か愛（インスピレーション）か、
わたしたちは毎瞬ふたつのうち、ひとつしか選べない

「ただ朝ご飯を食べていただけなのに、恐怖も愛もないよ」と一瞬わたしはぽかんとしてしまったが、振り返ってみると、朝起きてから博士と会う今まで、ずっとここ最近のいやな気持ちを思い出していた。相手に対して出てくる、攻撃的で批判的な言葉が頭の中に蔓延《まんえん》し、同時に孤独な気持ちも味わっていたのだった。

新しい一日の始まりにも気を留めず、だるさを感じながら洋服を着替え、遅刻しそうになり焦って家を出た。

待ち合わせの時間になったので博士に会いに行き、そしていつのまにか朝食を食べ、コーヒーを飲んでいた。もしもふたつにひとつしか選べないのだとしたら、その日朝起きてから今まで、わたしはまるで「恐怖」の中を漂う亡霊のようだったと思う。

黙っていたわたしに、博士はこんな言葉を告げてくれたのだ。

「いつまでも記憶とばかり遊んでいないでね」

わたしは博士の言葉にハッとして、慌てて四つの言葉……、

「ありがとう」
「ごめんなさい」
「許してください」
「愛しています」

をこころの中で言いながら深呼吸をした。コーヒーの香りがとたんに口の中に広がった。先ほどから目の前に座っている、いつもキャップをかぶった優しそうな博士の顔が、急にはっきりと私の目に映し出された。そして頭の中では、今日一日のスケジュールが整理され、その明確さがわたしのこころを自然とわくわくさせた。

その体験は、その瞬間「記憶」ではなく「愛」を選択したことで得られた安心感だったのかもしれない。

問題の中にいるとき、それをどうにかしようと必死になって他のことが手につかないことがある。しかしそんな状況でも、わたしたちは選択する自由を与えられている。

「記憶か愛か、一瞬ごとにあなたはそのどちらかを生きている」

✴

恐怖（記憶）か愛（インスピレーション）か、わたしたちは毎瞬ふたつのうち、ひとつしか選べない

どちらを選んでもいい。選ぶことができるのはただひとり、わたし自身なのだ。

そんな朝の体験を味わってから、わたしはたまに自分自身に問いかけてみるようになった。「たった今、わたしはどちらを選んでいるのだろう？」と。

問題を抱えている家族に電話をするとき、仕事でメールを送るとき、買い物をしているとき、原稿を書いているとき、プラントに水やりをするとき、食事しているとき、わたしはどちらを選んでいるだろう。

今のわたしは記憶（恐れ）のほうを選択していることが多いようだ。賢く見せるためのメールを書き、コンプレックスを隠すために洋服を選び、親不孝と思われたくないから電話をする。

今までずっと、友人との関係を修復したくて、会うたびに心機一転、もう一度向き合うようにしていたが、表面的には取りつくろえても、心の奥深くでは不完了が積み重なり、苦しさは増すばかりだった。

「クリーニングしきれていないことがあるから、思い出すんだよ。クリーニングしきれていないことがあるから、感情が湧くんだよ」

私は友人とぎくしゃくしている原因がわかっているつもりだった。だからこそ、謝罪をしたり、距離を置いたり、方法を変えてみるけれど、結局は関係が変わらないとイライラし、何も冷静に考えられなくなってしまっていた。

「あなたの中に刻み込まれた『原因と結果の法則』も日々クリーニングすることができるよ。こうすれば、こうなるはずだ、というあなたの思考は物事が本来持っているはずの完璧な働きをせきとめてしまうこともあるんだよ」

日ごろから無意識に何か行動を起こすとき、結果をはじめから見極めていたり、その行動の動機を決めつけていることがある。しかし、博士が言ったように、「クリーニングすることがあるから、こういうことが起きている」と気づけば、まずクリーニングしようと思い出し、次第にこころの高ぶりは消えて、次にすべきことに自然と手をつけることができる。

「映画の途中で部屋に入ってきてしまったようなものさ」

博士はよく、こんなふうに言って問題を体験している最中のわたしをたとえてくれる。ほんとうの原因は、もう何億年も前からスタートしている物語の始まりに起きたことであって、わたしが知っているはずもない。それなのに、途中から見始めたストーリーをわたしはいつもわかったつもりになって、手当たり次第、問題解決に取り組む。そしてたいていは自分自身を傷つけるやり方をとってしまうのだ。

博士に言われた言葉を思い出し、こんなふうにウニヒピリに話しかけてみた。
「こんな怖い、悲しい体験、ずっと長いこと、抱えていたんだね。見せてくれてありがとう」

そんなふうに苛立ち、孤独、怒りなどを友人とのあいだで体験するたびに、ただシンプルにクリーニングしていくようになった。クリーニングしながらも、もちろん連絡をとるべきときにとったりもした。そうするうちに、我慢したわけでもなく、大きなけんかをしたわけでもなく、自然と友人との距離が開いていった。友達がひとりいなくなるのは本来とても悲しいはずなのだが、こころの中は穏やかだ。

また会う機会があるときも、自分には嘘をついたり、無理をしたりせず、以前のようなこころの痛みや重さもなく、結果として笑顔でお話をできるようになった。

記憶か愛か、あなたは今どちらから新聞を読んでいますか？
記憶か愛か、あなたは今どちらからテレビを見ていますか？
記憶か愛か、あなたは今どちらから食事していますか？
記憶か愛か、あなたは今どちらから薬を飲んでいますか？
記憶か愛か、あなたは今どちらから携帯電話を見ていますか？
記憶か愛か、あなたは今どちらから隣にいる人と会話を交わしていますか？

「記憶か愛か」を問いかけてみるたびに、ひとつひとつの行動にどれだけの記憶を積み重ねながら、今もなお、記憶を選択していることに気がつくはず。そんなとき、ホ・オポノポノを思い出し、この瞬間だけはクリーニングを選択することができる。その先に見えてくるものは、きっともっと自分らしい光に満ちた関係性なのだ。今もこの瞬間問いかけてみよう。「記憶か愛か、今の『わたし』はどちらだろう」。

▯はインスピレーション

mは記憶のこと

博士からセルフクリーニングの言葉

Love Said.
「愛」は言いました。
Love said "I am the "I"."
「わたしは『わたし』」と愛は言いました。
Love said "I am the eternal light beam."
「わたしは永遠に光り続けるもの」と愛は言いました。
Love said "I am freedom."
「わたしは自由」と愛は言いました。
Love said "I am home."
「わたしはあなたのこころのお家にいるよ」と愛は言いました。

※ある契約書について博士とメールでやり取りをしていたとき、博士からの返信メールの文末に付け加えられたノートです。

あなたの「好き」も「嫌い」も あなたにチャンスを与えているよ

ある日の移動中、わたしがアイフォンを使っていろいろなことを調べたりしているのを見て、博士はこんなふうにわたしに尋ねた。

「今日一日、一度でいいからそのアイフォンに『ありがとう』って言った？」

ホ・オポノポノでは、モノひとつひとつにアイデンティティー（スピリット）があると教えられる。その日、わたしは目的地の住所を調べたり、メールを返したり、写真を撮ったり、アイフォンにたくさんのことをさせてもらいながらも、一度でさえ「ありがとう」とは言っていなかったことに気づき、慌ててこころの中で反芻《はんすう》した。

するとなぜだか、ふと口からこんな言葉が飛び出した。

「でも、もしもこれが……アイフォンのような機械がなかったら、もっとわたしの生活は自由で楽になるんじゃないかと思うことがあるんです。もしこれがなければ、もっと静かになれるのに、って。知りたくない情報まで次から次に教えてくれるし、あまりにも簡単に連絡が取り合えて、なんだか疲れてしまうこともあります」

自分の中にこんな気持ちがあったなんて、といつのまにか後ろめたい気持ちになっているわたしに博士は言った。

「その思いを見せてもらい、あなたが手放すことで、あなたもあなたのその電話も自由になるチャンスを与えられているんだよ。あなたをしばりつけているのは、その機械ではなくて、あなたの中にもともとあった記憶だよ」

便利だと思って利用していても、うまく使いこなせず不自由さを感じたり、便利すぎて頼りすぎてしまったり、依存しすぎて頭痛がするほど没頭していたり。しかし、それに対して反応し、判断しているとき、実際に自由を失っているのは、他の誰でもない、そう！ このわたしなのです。

「あなたの『好き』でさえ記憶だよ。記憶から生まれる執着は、あなたの中にもともとある愛さえ蝕《むしば》んでゆくよ」

「好き」さえもわたしを不自由にさせている……。そうだろうか。そう思ってわたし自身のことを振り返ってみた。

日々、多くの人が素晴らしく個性的なライフスタイルを発信しているのを目にする。お肉は食べない、毛皮は着ない、生野菜しか食べない、加熱した食品は控える。そんなライフスタイルに触れれば、感心し、共感し、勉強になることづくし！

無農薬限定、生産地を限定したスーパーマーケットと聞けば、なんだかそこに行っただけで有意義な気持ちにさせてもらえる。

また、ツイッターやフェイスブックなど、いつでも好きなときに情報を発信できるソーシャルネットワークのサービス、写真つきメッセージは瞬時に（しかも無料で）国境を越えて送れる最高に便利な伝達アプリで、今やわたしはどこにでも飛び立てるジェットセッター気分。世界中に友達がいるなんて最高だ！

ひとつひとつわたしが選択すれば、いつでも手に入るし、拒絶すれば関わらなくてもいい。こんなに自由で便利な世の中にわたしは生きているにもかかわらず、わたしはここで考えることをやめようとはしない。

「好き」という気持ちから次第にあふれてくるのは、「便利すぎる」という批判や「高齢者には難しすぎる」という判断、「操作が面倒だ」という不満、「そんな生活不自然でしょ！」というわけのわからない意見だとか……。

さらには、ある出来事がきっかけでそれまで当たり前にわたしたちの生活を支えてくれていたはずの機能やサービスが一夜にして憎しみに変わることさえある。

「たったひとつの存在に、好きや嫌い、得か損か、美しいか醜いか、健康と毒や危険……、ものすごい量の情報が集められているけれど、これは今起きていることじゃないんだよ。ずっと昔から溜《た》め込まれてきたものが、今この時代に現れている。誰か他の人の前に現れているのではなくて、あなたの目の前に今、現れている。このことに気づかないかぎり、ホ・オポノポノはスタートしないんだ」

✴

あなたの「好き」も「嫌い」も
あなたにチャンスを与えているよ

博士の言葉を聞いて、目が覚めるような気持ちになった。そうか。考えることで忙しいとき、好きなことでさえ、わたしを疲れさせ、飽き飽きする気分にさせる。それは博士が言うとおり、わたしの「記憶」から見ているからだ。

セミナーオタクの母がどこで聞いてきたのか、昔、面白いことを言っていた。

「あなたが誰かを好きになったその最大の理由が、いつかあなたがその人を嫌いになる最大の理由になるんだって」

あのときはなんとなく聞いていた母の言葉も、今になってみると、どこか納得するところがある。「この人はとてもユニークだから好き！」って気持ちは一体いつもどれくらい続いていただろう、その興奮するような気持ちは次第に消え失せ、いつのまにか苛立ちに変わっていたことさえあるのを思い出した。

「そんなとき、クリーニングすると、まずはあなたが『好き』や『嫌い』という記憶から解放され、あなた本来の道を取り戻すことができるんだ。そうすると、あなたが関わっているすべての人、モノまでもが、ほんとうの自分につながる道に戻って行くプロセスを始めるよ。壊さなくても、戦わなくても、それぞれがあるべき場所へ還ったとき、初めてそれぞれのほんとうの才能が現れるんだよ」

わたしにも好きなタイプの人がいて、好きな思想や好きなライフスタイルがある。趣味趣向は経験で培われ、育ち、わたしを楽しく支えてきてくれた。「好き」を通じて出会うことができた仲間は財産だ。それでも、クリーニングが大切だと博士は言う。

「クリーニングは決して失うことではないのだよ。相手に対して出てくる『好き』や『嫌い』をクリーニングすると、その人と何世紀にもわたって溜め込まれてきた記憶が消去される。例えば、もしも好きな相手に対して、この人の『まじめなところ、面白いところ、美しいところが好き』という強い思いがあれば、それを今わたしはクリーニングするのさ。クリーニングした先に残るものがほんとうの愛だよ」

なぜか、博士のポケットにはいつもポケットティッシュが入っている。しかも、日本の街頭で配られている宣伝用のポケットティッシュ。そのときもポケットからティッシュを取り出して、見つめながらこう続けた。

「モノのサービスに対する自分の思考もクリーニングしてごらん。特に、『タダ（無料）』という体験に。値段を通してモノに価値をつけたのは人間であって、そこにあるアイデンティティーやスピリットは普遍なんだよ。タダという価値にとらわれてしまうと、そのアイデンティティティーに対する尊敬が損なわれ、そのものが最大に表している才能、あなたに与えてくれているメッセージを受け取ることができない。ものを拾ったり、タダでもらったりするという意識をクリーニングすると、そのもの本来の才能を通してあなたはインスピレーションを受け取ることができるよ」

わたしのアイフォンの中には、いろいろな機能があって、お金を払ってわざわざ購入したソフトもあれば、無料だからなんとなくダウンロードしたものまでさまざまだ。アイフォンは便利だが、わたしはアイフォンと出会ってから、いつしか何気なく、いつのまにかアイフォンを見ていることが日常の中で増えた。タダだから、と意味もなく使い続けていたり、わざわざお金を出して購入したんだから使わないと損とばかりにガンガン使ったり、確かにそこに尊敬の念はなく、わたしもなんだか知らないあいだにへとへとになっている。

「わたしたちのたましいはみんな自由を求めている。わたしも、あなたも、自分を自由から見てくれる人に、はじめて安心を体験することができるんだよ。だから、『好き！』という気持ちさえクリーニングしてほしい。期待や執着は、記憶だからね。記憶からつながり合っていたら、結局その記憶はどこかで形を変えて再生されるだけなんだよ」

所有物にくっつけた意見や思い出、それらをクリーニングしていくことで、もっと自由になれる。わたしが自由であるとき、そのモノでさえ自由を取り戻せるのだ。

「わたしの大切なアイフォンさん、あなたはとても便利です。あなたがいないと生活できないくらい！　一日中そばにいてくれないと不安になってしまうくらい夢中です。わたしのウニヒピリ、こんな気持ちを見せてくれてありがとう。これは、他の人にも感じていることだね。クリーニングするチャンスを与えてくれてありがとう」

アイフォンとわたしのクリーニングは当分のあいだ続きそうだ。

博士からセルフクリーニングの言葉

わたしは記憶が再生されている状態をいろいろなことにたとえます。

例えば、クリーニングをしていない状態というのは、
アップデートされていない、重くなったコンピュータと同じ。

例えば、誰かの落とし物を拾って、
それを返すためにいつまでもさまよい、
自分の本来のしごとになかなか取り組めないでいる状態と同じ。

例えば、髪の毛がつまってしまったシャワーの排水口と同じ。

今のあなたは、どんな状態でしょう？

ひらめいた時点で、アイディアにはいのちがあるんだよ

考えるだけで、こころが今にも踊り出しそうなアイディアや計画を思いつき、いざ実行しようとするけれど、次第にこころが重くなり、いつのまにかそのこと自体にこころを振り回されるような経験がわたしには数えきれないほどある。そんなときは決まってたくさんの人に迷惑をかけてしまい、自信がどんどん失われていく……。

何かをしようとひらめいたその瞬間から、いろんな声が頭の中に登場する。「どうせできるわけがない」「その能力はわたしにはない」「それを実行したらいろいろな人に、いろいろなことを言われるだろう」「失敗したらすごく恥ずかしいぞ」「まわりの人たちからさらに失望されるぞ」……。

そのようなたくさんの恐ろしい言葉たちがたちまち頭を占領し、身動きがとれなくなるのだ。まだ始める前から緊張し、体が痛くなるほど疲れてしまう。

ひらめいた時点で、
アイディアにはいのちがあるんだよ

稀に勇気を出してみると、運よく完璧な環境がそろってしまい、あと戻りできなくなったときなどさらに一歩進んでみることもある。しかし、そんなときでさえ、身近な人からの何気ないコメントやスムーズに感じられなくなる事件を体験したとたん、ものすごいスピードであきらめてしまう自分がいる。

そんなことを繰り返すうちに、さまざまな言い訳を盾にして、そもそもやりたかったことやアイディアそのものを忘れることが得意になった。同じようなことを、きっと多くの人が体験しているのではないだろうか。

ところがどっこい、ホ・オポノポノでは違うのだ。やりたいことを忘れているつもりでいるのは表面意識のわたしだけだった。博士と出会ってすぐの頃、博士に笑顔でこんなことを言われたことがあった。

「あなたはまだ若いけれど、お母さんとして、やらなくちゃいけないことがたくさんあるようだね」

一体何を言われているのかわからなかったわたしは、それをそのまま問い直した。

「アイディアを持っている人には、アイディアを世話する大きな役割があるんだよ。お母さんみたいでしょ？」

「わたしはアイディアを形にしたことはほとんどないんです。思い描いたり、夢見るだけで、すぐあきらめたり、挫折してしまうんですよ」

博士の言葉にそう答えたとたん、不思議なことが起こった。

今まで忘れかけていた途中でやめてしまった趣味や小さな夢、未来像、プロジェクト、さらには実現されなかった友人との旅行計画や祖母に送ろうと思っていた絵はがきをそのままにしていたことまでもが思い出され、ど〜んと重い気持ちに圧倒されてしまった。そんなわたしをよそに博士はこう続けた。

「あなたがひらめきを得た時点で、プロジェクトはもうすでに存在しているんだよ。そのものに『いのち』があるように存在しているんだ。あなたの役目は、すでに存在するアイディアと自分とのあいだをクリーニングして、本来あるべき姿へと整えていくこと。それが自分に与えられたアイディアやプロジェクトに対する役割だよ」

本来あるべき姿へと整えていくこと……。そう思うと、まだまだどんどん出てくる。わたしの中で、当初の目的が果たされなかったモノ、いつのまにか終わったものとして処理されてしまったさまざまな出来事、アイディア、夢みたいなものが、ゴロゴロとわたしの中にまだあるのを感じた。

わたしも彼らも行き場をなくして、まるで呼吸困難の状態だった。

ひらめいた時点で、
アイディアにはいのちがあるんだよ

「夢やアイディアは形にならないこともある。そのほうが正しい場合もある。何が正しいか、そうではないか、わたしたちにはわからないんだ。

でもね、もしもそこに判断があるのなら、あなたはそれをクリーニングすることができるね。誰かに何かを言われたと体験したら、そこをクリーニングすることができる。

わたしは、そのアイディアやプロジェクトのケアテーカー（お世話をする人）となって、その存在と自分とのあいだをどれだけクリーニングするかに集中したいんだ。

＊
Aloha

そのアイディアと自分とのあいだに過去に何があったかはわからないが、それが見せてくれる悲しみや怒り、恨みや自責をこのチャンスに手放して、お互いが自由になることが真の目的なんだよ。わたしたちが本来すべきことはそれだけなんだ。一度ケアされ、再びいのちを与えられたアイディアたちは安心して、インスピレーションに従い、正しい形、結果に整っていくよ」


あの時期、わたしがやろうと情熱を燃やしていたこと、ひらめいたこと、それを形にできなかったことが溜《た》まりに溜まって、まるで目を向けられないほど汚れたゴミ箱のような存在として、わたしに無理矢理フタをされていた。

「ダメになっちゃった」「拒否された」「わたしにはこれが足りないから実現できなかったんだ」「情けない」「恥ずかしい」といろいろなことを理由にあきらめた。暗いわたしの感情を勝手に捧げられ葬り去られた数々の形にならなかった存在は、行き場を失い、わたしの中で留まったままなのだ。

期待を感じられるうちは、まるで高価なエンジンを使った車のようにフル回転できる。しかし、とてつもなく重い期待をのっけられたアイディアたちはどうだろう。

✷

ひらめいた時点で、
アイディアにはいのちがあるんだよ

期待をクリーニングしないまま放っておくと、それは無限に膨らみ、わたしはそのせいで今までも何度だって素直さや自由さを失ったが、自由を奪われていたのはわたしだけではなく、アイディアそのものでもあった。

博士の言うとおり、期待は、はるか昔からわたしの中にあったものなのだ。わざわざ、そのアイディアを通してウニヒピリが自由になる機会を与えにきてくれたのだと思うと、自然に、こんなふうに、こころの中で、忘れかけていた存在に話かけていけるようになった。

「もう自由になっていいよ。わたしにできることがあったら教えてください。お手伝いをさせてください」

「焦りも苛立ちも全部記憶だよ。クリーニングしないかぎり、たとえ夢を実現できたとしても記憶の連鎖になるだけなんだ」

過去のアイディアや夢を自分以外の誰かが実現しているのを見て、うらやましさが出てきたとき、わたしの中にまだいるアイディアの存在を思い出して会話をする。

「ありがとう、ごめんね、許してね、愛しています」

そうすると、す〜っと落ち着いていき、わたしは次に進むことができる。フタをしたまま知らないふりをして次へ進むのとは大きな違いだ。そのとき見えてこなくなったアイディアたちもいるが、まだわたしの中にいてくれるアイディアたちもいる。

「結果やお金だけを気にして無理矢理生み出されたモノたちや生み出したあなたの中のウニヒピリは、虐待されているようなものだよ。あなたを含め、あらゆる存在が自分のお家、つまりディヴィニティーから、もともと用意されているマイホームに帰りたいんだ。マイホームのあるアイディアたちは、すべきことを知っている。たとえ、あなたの期待していた形でなくても、アイディアをもとのお家に戻してあげれば、あなたが気づかないところであなたをもっと素晴らしい道に案内してくれるよ。

どんな生き方を選択しようと、どんな発想があろうと、それを通してあなたが関わるプロセスこそが、あなたのたましいの帰還の作業だよ。どんなに些細《ささい》なことでも、その思考、意識、意図を正しい場所に戻すプロセスを雑に扱えば、それに関わったモノや人、場所や意識、すべてにきっちりとその意識が残る。きっちり平等に。もちろんあなたのたましいにもね」

それからは、ひらめきがあった時点でクリーニングをするようになった。ひらめきを生まれたての赤ちゃんを扱うような気持ちで四つの言葉を語りかけ、大切にケアしていく。そうすると、ただ目先の欲でそれを口走ったり、焦りに駆られたりすることがなくなった。これは自分を楽にしてくれるばかりでなく、人間関係に大きく影響している。

または、意図していないタイミングでわたしの口から、過去のひらめきがぽんと飛び出して、これまでに何度もわたしに新たなチャンスを与えてくれたこともある。

ひらめいた時点で、アイディアにはいのちがあるんだよ

「外に向かって表現されるものだけが自己表現ではないんだ。表現はまずはウニヒピリに向かっていくものだ。クリーニングして、クリーニングして、クリーニングする。そうすると、インスピレーションから流れてくる形がある。あなたが自由である状態からインスピレーションを受け取ったとき、あなたのまわりにあるすべてが協力して完璧な形であなたと伝わるべき相手をつなげてくれるんだよ。そんなふうにして外に

「発信されたあなたの真の表現力こそがインスピレーションさ」

博士からセルフクリーニングの言葉

夢の中で見たことをクリーニングしてごらん。
普段あなたが頼りきっているマインドがほんの少し休んでいるあいだに、
ウニヒピリはたくさんのことを見せてくれているよ。

夢の中で見たことを、ただクリーニングする。
夢の中で見たことに何か意見が出てきたら、それもクリーニングする。
あなたの仕事はそこまでだ。
クリーニングの鍵だよ。

それは「ほんとうの自分」への扉をきっと開いてくれるからね。

あなたのほんとうのしごとはなんですか？ それはただひとつ、「自分」を取り戻すこと

「あなたの役割はただひとつ、『ほんとうの自分』を取り戻すことだよ」

博士は会うたびに、そうわたしに話しかけてくれる。たとえわたしが順風満帆でノリに乗っていようと、またはいろいろな問題が山積みで絶不調であろうと。

不安や不満が溜《た》まりはじめると、褒められようと必死になり、ついつい人と比べてしまうわたしが次に取る策が物事を最大限にポジティブに考えること。

そして次第にその効力が落ちてくると、今度は打開策として自分を見つめ直す旅に出てみようとか、仕事を変えたらいいのではないかと妄想の世界に入る。しかしほとんどの場合、最終的には、さらに落ち込むという結果に終わってきた。

「『自分を変えよう』とする方法は、もしかしたら一時的には、あなたを元気にしてくれるかもしれない。でも、そのあとはどうだろう。さらに落ち込んではいないかな？　それは、ウニヒピリがせっかくクリーニングしてもらおうと見せた辛い記憶を、あなたにすり替えられてしまって、無視されたと深く傷ついているからなんだよ」

確かに、うまく物事が進まないときなど（例えば今の仕事で満足できず将来に不安を感じ、まわりの人がうらやましいほどに輝いて見えるときなど）、理想をイメージしながらこんなふうに変わろうとモチベーションを上げると、不思議とその直後は態度も変わり、こころもポジティブになる。しかし、長くは続かない。

「『ネガティブ』があなたを支えてきてくれたことだって、たくさんあったでしょう？　良いときも、悪いときも、あなたがいちばんに取り組むべきしごとは、クリーニングすることなんだ」

博士のこの言葉は、長いあいだ足下がふらふらとしていたわたしに新しい舵《かじ》を与えてくれた。どんな仕事をしていても（たとえその仕事が好きであろうと嫌いであろうと）、誰といても（その人が好きであろうと嫌いであろうと）、わたしの最優先のおしごとは「ほんとうの自分」を取り戻す作業。それはクリーニングを通して一瞬一瞬行われる。何か特別なことをしようとしなくても、職業やつき合う人を替えなくても、今この場所でスタートする。博士曰《いわ》く、「ほんとうの自分」とは、毎瞬わき起こる感情をクリーニングして、一瞬一瞬取り戻す自分のことなのだそうだ。

「今、目の前に起きていることをクリーニングすると、例えば、そこで部屋を片づけようと思い立つかもしれない。そのことをまたクリーニングしながら行動に移すことで、翌日、職場での電話応対中にあなたはまた自分を取り戻すきっかけとなる一言を与えられるかもしれない。クリーニングの結果、一体どの記憶が消去され、あなたに何がもたらされているか、自分では気づかない。でも、ひとつひとつのクリーニングの延長線上で、あなたはゆっくりとその真の存在と輝きを取り戻しているんだよ」

そう！　無理矢理自分を認めようとしたり、好きになったりする方法さえしなくたっていいのだ。まずは「ありがとう。ごめんなさい。許してください。愛していま す」と、ただクリーニングすることがわたしの最優先のしごと。

クリーニングするという舵を握ると、不思議とこころもからだもどしっと安定してくる。自分に一生をかけて続けていくことのできる役割があるというのは、まるですごく寒いときのために、いつでもふわふわの羽毛布団が用意されているくらいの安心をわたしに与えてくれる。

評価されることも誰かと比較することもない。わたしに与えられた環境の中で、わたしだけが進めていくことができる作業なのだ。パートナーはいる。いつも新しいタスク、つまり消去すべき記憶を見せてくれるウニヒピリだ。

例えば、お部屋がごちゃごちゃしたなと感じたら、実際に掃除を始める前に「ありがとう」と言って早速クリーニングをスタート。お掃除をしながら面倒だなあと感じてまたクリーニング。きれいに片づけられて幸福を感じたら、または思い出の写真が見つかって感傷に浸り始めても、またクリーニング。

現れる体験に四つの言葉を繰り返しながら、記憶の糸を見つけ引っ張られるのではなく、クリーニングして自分を取り戻していく。そうして、ただわたしは「ほんとうの自分」へと運ばれているだけなのだと、ふと大きな何かに包まれている体験をする。人間関係やしごとは状況や年齢によってできること、与えられる機会も限りや変化があるが、いくつになってもわたしには最優先のおしごとがある。

それは環境や時代がどんなに変わっても、ずっと続けていくことができる。

「なぜ『ほんとうの自分』を取り戻す必要があるのか、それはね、あなたの内側の家族、つまり内なるセルフがバラバラになっていたら、人類というひとつの家もバラバラになり、倒れてしまう。内なる家族がひとつの状態、つまり『ほんとうの自分』を生きることはそれだけパワフルなことなんだ。

平和は『わたし』から始まる。世の中で今一体どんなニュースが流れていようと、あなたにしか見つけられない、真の平和があるでしょう」

自分のおしごとに集中していると無理矢理何かを変えなくても、職場や人間関係の中でその都度変化が訪れる。新しい機会が与えられる。衝撃的なこともあるが、わたしだけのおしごと（クリーニング）をしたあとで、もう一度今、目の前にあることに取り組むと必ず進む道が用意されていることに気づく。

どん底だなと思い込みたくても、クリーニングすべきことにはっきりと光が当たっているのがわかるようになるのだ。

今まで知らなかった人、または意識していなかった人が、自分の目の前に登場し、今まで絶対いやだと思っていたしごとなのに、今のわたしにはとてもしっくりくる、またはしがみついていたしごと、役割を自然と手放し、次のステップに進め、そんなふうにもっと自分が自然といろんなことに広がり、つながってゆく。嬉しさに浸りたくても、苦しさにはまっているときも、クリーニングのおしごとがわたしには待っているのだ。これってひょっとすると、わたしがこれまでに憧れてきたどんなことよりも魅力的なことではないだろうか。

博士の姿を見ていると、無言でこう質問されている気がする。


「ちゃんと、おしごとしてる？」

そんなときわたしは、どきっとさせられる。

博士からセルフクリーニングの言葉

あなたの個性は記憶からできているもの？
あなたは記憶によって生かされているの？

それならもっといい方法がある。
クリーニングをしながら、少しずつ手放していく。
そうするとあなたのほんとうのいのちが輝き出す。

その輝きは誰も犠牲にさせないよ。
その輝きは誰も寂しい思いにさせることはないよ。
その輝きはまずいちばんはじめにあなたのウニヒピリを幸福にする。

世界のためではない。

誰かのためではない。

ウニヒピリが満たされたとき、現れるのはインスピレーションなんだ。
インスピレーションはあなたを幸福で満たすんだよ。

あなたがインスピレーションに灯《とも》されているとき、
あなたはこの宇宙で迷子になっている
あらゆるたましいの灯台になるんだよ。

まずは自分から始めること。

たくさんの問題や記憶がてんこもりの僕だけど、今この瞬間はこんなにも美しいんだね

那覇で開催される講演会までのあいだ少し時間があったので、近くの海辺を博士と散歩していた。雲の奥から届く夕陽が海の上に反射して、キラキラと一本の道をつくっていた。

この美しい景色を背景に博士のナイスショットを撮ろうと必死で機会を狙っていたのだが、博士を包み込んでいる静寂はわたしの好奇心にあふれた視線さえも静かにさせた。わたしはだまってカメラを置いて浜辺のほうを見ることにした。

浜辺では、工事現場のおじさんたちも、ちょうど一休みのお茶タイムで海を眺めていた。すると、そのさらに向こう側、おじさんたちのいる奥に、ボロボロの洋服を着たお化粧が派手なおばあさんを見つけた。

彼女は海なんて目にも入らない様子で、眉間に皺《しわ》を寄せながら鞄《かばん》の中をがさがさと

あさっている。何かを探しているようだった。すると今度はわたしが次第にそわそわして、いつのまにかわたしは亡くなった母方の祖母のことを思い出していた。

わたしが生まれるずっと前、祖母はビジネスで成功を収めた女性実業家だった。古いアルバムの中には、祖母にアドバイスを求めにきていた偉い人たちといっしょに並んでいる、まるでハリウッド女優のような派手な祖母の写真が何枚もある。

しかし、わたしの記憶の中では、大きな失敗を繰り返したあとで、家族にたくさんの迷惑をかけ、それでも憎まれ口をたたきながらいつも下を向いて何かを磨いている貧相な姿の祖母だけがいた。

祖母をめぐって、いつもみんながけんかをしていた。わたしがまだ小さな頃、そんな暗くて寂しい家にいるのが怖くていやでたまらなかった。でも、いないあいだに何かもっと大変なことが起きることが恐ろしくて、どこかに出かけても、いつもびくびくしながら急いで帰っていた。そんな祖母のことを急に思い出したのだった。

ふと我に返って、博士のほうを見ると、博士はさっきと同じ姿勢で海を眺めていた。

いつのまにか博士のそばには数羽の白い鳥たちが集まって、静かに浜辺にからだを

✳

たくさんの問題や記憶がてんこもりの僕だけど、
今この瞬間はこんなにも美しいんだね

埋めている。

ホ・オポノポノでは、目に映るものもわたしの記憶の再生だと言う。

同じ浜辺にいても博士は美しい海を見て、鳥たちまでもが安心してそばで居眠りをしている。一方のわたしはというと、昔のことを思い出し、感情の溝の中でそわそわしていた。

わたしは、自分が今、目にしていること、そして感じていることをクリーニングしていった。なぜだか目に入った知らないおばあさんと私の亡くなったおばあちゃんが重なったこと。そうすると、長年わたしが抱えていたお金に対しての恐怖と執着も強く思い出されたので、それもクリーニングしていった。

当時、何もできなかった自分をずっと責め続けてきたことへ「ありがとう、ごめんなさい、許してください、愛しています」を繰り返した。

そしてあることを突然思い出した。

「いつも姿勢をよくしていなさい。そこからしか見えないたくさんの美しいことが必ずいつかあなたを支えてくれるから」と当時中学生だったわたしに祖母が言ったのだ。

当時のわたしは内心恨みを込めてこう思ったはずだ。「よく言うよ、おばあちゃんのせいで家族がけんかしているのに、自分は毎日腰を丸くして下ばかり見てやめられないくせに」。

それでも、当時祖母の言った言葉が時間を超えてその瞬間、沖縄の海辺にいたわたしのこころに響き、思わず姿勢を正した。

すると、そのわたしの動きに気づいたのか、ぼろぼろの服を着たおばあさんがニッとわたしに微笑んでくれたのだ。その笑顔は清々しく、わたしのもとへ超特急で届いた。こころがホッとして明るくなるのを感じた。

博士に肩をとんとんとたたかれ立ち上がったわたしに、博士はこう言った。

「たくさんの問題や記憶がてんこもりの僕だけど、今この瞬間はこんなにも美しいんだね」

博士が何を意図してそんなことを言ったのかはわからないけれど、この体験は、どんな小さなことでさえ、目の前に現れることを素直にクリーニングしていくことで、わたしが長いあいだ手放せないままでいた重たい岩のような記憶をごろんとどかし、

✴

たくさんの問題や記憶がてんこもりの僕だけど、今この瞬間はこんなにも美しいんだね

ほんとうの自分にまたひとつつながっていくのだと気づかせてくれるような、意識を変えさせてくれる体験だった。

亡くなったあとでさえ、祖母は思い出すとどこか暗い影を落とすような、自分のこころの奥底に隠しておきたい恥ずかしい存在だった。

ところが、そんな印象を持っていたわたしにとって、那覇の海辺の体験以降、祖母の存在はお守りのようなものに変わった。

思い出すとなんだかシャキッと力を与えてもらえる。

これは単に、自分がポジティブになったために、亡くなった人を美化できるようになったからではない。もしそうならば、その後も家族から繰り返し聞かされる祖母の情けない思い出話のあとで、とっくに効力は冷めていたはずだ。

しかし、クリーニングを続けていった結果、祖母を通して長年見せられていた記憶が消去され、そこに、もともとあったわたしとおばあちゃんの完璧な関係が光を通して残ったのだとわたしは感じることがある。

今でも引き続き、悲しくて寂しい記憶は再生されることもあるが、クリーニングによって消去していけば、またいつだって、「ほんとうのおばあちゃん」と出会うこと

ができる。

「喜んでいるときのあなたがほんとうのあなたではない。ふさぎ込んでいるときのあなたがほんとうのあなたでもない。嬉しいときも悲しいときも、感動も怒りもあなたのウニヒピリが見せてくれた記憶だよ。クリーニングして、ゼロであるほんとうの自分を取り戻そう」

「今、この瞬間」のクリーニングこそが鍵なのだ。

消去していけば、またいつだって、ほんとうの自分と出会うことができる。

博士からセルフクリーニングの言葉

たったひとかけらの珊瑚《さんご》の死骸の中には何百万もの生き物とその死の記憶が含まれている。

たったひとつのあなたの体験の中にも、数えきれないほどの記憶が再生されている。

あなたが秘密にしているつもりでも、ウニヒピリはあなたが記憶を手放すまでいつまでも、

正直に再生し続けるんだ。

問題の原因は自分の中にあるということをどんなときも忘れちゃいけないよ。

自分を救うことは、お母さんを救うこと。

自分を救うことは、子を救うこと。

自分を救うことは、会社を救うこと。

自分を救うことは、地球を救うこと。

あなたもわたしもひとりひとりが皆、人類の代表です。

一体どんなパートナーがいたら、あなたは満たされる？

完璧な人間関係を考えてみたときに、真っ先にわたしは完璧な理想の相手に想像を膨らませてしまう。理想の家族、理想の恋人、理想の友達。どんなに具体的に想像を馳せても、そのとおりの人とは出会ったことはない。

ならば！　と人間関係を学ぶセミナーや家族との適切な距離感を学ぶセミナーに参加したこともある。

どんなに疲れていようが友達と会う頻度を上げてみたり、新たな恋愛をスタートさせたりと頑張ってきた。しかし、何をどうしても、こころの奥にいつもある不安な気持ちが消えることはなかった。

わたしがホ・オポノポノを知ったのは、ちょうどそんな人間関係に疲れてしまっていたときだった。出会ったばかりの博士にこんなふうに問いかけられた。

「どんなパートナーがいたら、あなたは満たされる？」

嘘をつかない。いつでもいっしょにいてくれる。正直。いつも優しい。どんなときもわたしを最優先に愛してくれる。怒らない。命令しない。言ったことは守ってくれる。さらには自分をいつも褒めてくれるような人ならベストかな！

無理を承知で何を言ってもかまわないのであれば、こんな家族やこんな友達、こんな恋人さえいたら人生はバラ色になる気がする。

博士に、照れながら、しかしこころの中では切実に、理想をそのまま伝えてみた。

博士なら、もしかしてそんな理想の人を見つける方法を教えてくれるかもしれない！

「それはウニヒピリからあなたへのメッセージだよ」

博士は一言そう言った。期待していた答えがもらえず、少しがっかりしながらも、もう一度、自分が他者に求めていることをこころの中で反芻《はんすう》してみた。

「嘘をつかない。わたしがどんな恥ずかしくばかみたいな失敗をしてしまったとしてもいつもいっしょにいてくれる。見返りのない優しさ。わたしがまぬけで醜いことをしてしまったときも無視したり、感情的に怒ったりしない。忙しいときも他の誰かといるときでさえも、わたしのことを忘れずに大切にしてくれる」

「あなたが自分以外の誰かに不満を抱いたり、不完全さを感じたりしたとき、それはウニヒピリからあなたへの貴重なメッセージが届いているサインだよ、ということに、こころの目を覚まして見つめてみてごらん。ウニヒピリの声が聞こえない人なんて、この世にはいないよ。あなたの感情、体験を通して、ウニヒピリは絶えずあなたに話しかけているんだ」

ずっと自分にはウニヒピリの声が聞こえないと思っていた。

クリーニングという名の修行を長年積まないとウニヒピリは話しかけてはくれないのだと思い込んでいた。しかし、博士曰《いわ》く、わたしが誰かに何かを求めたり、期待したりするときに発せられる感情や言葉を通して、わたしは今までもずっとウニヒピリの声を聞いてきたのだ。単なる恥ずかしい、ムダな感情だとフタをするか、反対に振り回されるかのどちらかで、結果、ウニヒピリの声を無視していたのはわたしだったのだ。

一体どんなパートナーがいたら、
あなたは満たされる？

「あなたがもともとのピュアでゼロの状態でいるとき、いつでも、どこでも、誰とでも、あなたは完全な関係性で満ち足りるんだ。誰かとの関係に問題を感じたときこそ、何かが足りない、満たされないと感じたときにこそ、自分のウニヒピリの存在をすぐに思い出してほしい。

そのとき、ウニヒピリはなんと言っているだろう。その人間関係の問題の原因を見せてくれているのはウニヒピリなんだよ。そうすれば、かけてあげる言葉が見つかるはずだ。『今まで放っておいてごめんね。許してね』、わたしはいつもこう話しかけている。

ウニヒピリが完璧なパートナーシップをあなたと取り戻せば、あなたはその関係を外でも体験することができるんだよ」

わたしはウニヒピリに話しかけるのをいつも忘れてしまう。問題が生じたとき、いつだって真っ先に頼れる誰かを探して相談し、アドバイスをもらおうとしたり、例えば、お金、しごと、友達、趣味、旅行、恋人など、自分以外の何かで解決しようとしたりする。

そうして、あくせく動いているあいだ、ウニヒピリなんてまったく忘れてしまうのだ。反対に、わたしが自分自身であるウニヒピリへ浴びせている言葉といったら、何か失敗したときに自分を責めたてる罵声のような言葉たちだ。

「なんでこんな情けないことしかできないの！」

「どうして失敗したの！」

「ああ、何をやってもほんとうにバカみたい。どうせ誰からも愛してはもらえない！」

考えてみると、今までわたしは自分の一部であるウニヒピリを無視して、しまいには暴言をはいては傷つけ、では一体、誰を生きようとしているのだろうと途方に暮れてしまっていた。

「ウニヒピリはあなた自身のこと。あなたは自分の意志で自分が求めているものを与えることができる。それは忘れてはいけないことだよ。あなたが誠実にウニヒピリと関わりを持つことがひとたびできれば、人や生活環境とも同じように誠実につき合うことができるようになるよ」

✷

一体どんなパートナーがいたら、
あなたは満たされる？

他の誰かに求めるものがあるのなら、外との関係の中で足りないものがあるとしたなら、まずはそれを自分のウニヒピリに与えてみよう。

例えば、孤独だなと感じたら、ゆっくりと時間をかけながらウニヒピリとたったふたりきりの時間を公園なんかで過ごしてみるのもいい。映画や本を観る前、観たあと「いっしょにクリーニングしようね」と話しかけるのをこころがけるのでも全然違う。

わきあがる感情はすべてウニヒピリの声なのだ。長いことわたしのウニヒピリが求めていたことに耳をすませよう。

「ウニヒピリはね、ユーモアにあふれた素晴らしいアーティストだよ。最高の友達なんだ。あなたが、あなた自身であるウニヒピリと真の絆を取り戻したとき、それはいろいろな場面で体験することになるよ」

ホ・オポノポノを知る前のわたしは、大人数の中にいるのが苦痛で仕方がなかった。一方で、ひとりでいて浮いてしまうのが怖くて、一生懸命〝仲が良い人探し〟に明け暮れた。

とはいえ、人と約束をするのも苦手だった。すでに小学生の頃から、どれだけ仲の良い友人との約束でも、直前になるとなぜか億劫《おっくう》で面倒で、しまいには怖くなってしまうほどだったのだ。

『『ひとり』はね、決して悲しくも、退屈でもないんだよ。あなたの中で三つの家族が手を取り合っているとき、あなたははじめて『ひとり』を体験できる。でも、それはあなたが頭で知っている『ひとりぼっちのひとり』のことではないんだ。

どんなものよりも豊かで最高の状態である『ひとり』のとき、やっと知ることができる。何もあなたと他を遮るものはないんだってことをね。同時に、どんな人も体験も、あなたに記憶を手放すチャンスを与えに来てくれているんだということに、感謝できるようになるよ」

長年、「ひとり」は寂しくて、恥ずかしいことだと心の隅で頑なに定義づけていた。本やヨガのクラスなんかでも、ひとりの時間を大切にとたくさん教えられ、ひとりの心地よさも知っているはずなのに、意図しないところでひとりを体験したとたんに、やはり孤独がじわじわと広がってゆく。

昔、小学校低学年の夏休みに親が決めた二週間の子供キャンプに参加したとき、最後までたったひとりの友達も作ることができなかったことがある。

その寂しい二週間よりも、帰宅後、わたしの体験記を楽しみに待っている親をがっかりさせたくなくて、作り話をしたときの惨めさが、いつまでもわたしの中にひっかかっていた。

でも、今ならクリーニングを知っている。博士の言葉で昔の自分を思い出し、改めてウニヒピリに話しかける。

「寂しい想いを見せてくれてありがとう。長いこと、ほっぽっておいてごめんね」

「真のあなたでいないところに現れたつながりは、単なる記憶の連鎖だよ。人があなたに惹《ひ》かれるのは、あなたの中にいるウニヒピリが幸福を味わっているから。あなたが体験する幸福に皆が惹かれてやってくるんだよ。だからあなたが今、もしも孤独を味わっているのならば、まずは自分とウニヒピリの関係を満たすことから始めるんだ」

今でも人との出会いや別れに一喜一憂するわたしがいる。無意識のうちに人の目を引こうと装いや言動でアピールしているわたしもいる。しかし、それに気づいたときには、すぐにウニヒピリの元に戻るように心がけている。

例えば人と出会う機会を与えられたとき、まず誰か気が合いそうな人を探しはじめる前にウニヒピリといっしょにいるようにする。別れの機会を得たとき、離れる感傷を紛らわすために時間と労力をその人に向けすべて費やす前に、ウニヒピリに話しかけるようにする。「この緊張と悲しみをずっと溜《た》め込んできたんだね、クリーニングしましょう」とか。

そうすると、興奮も痛みもやがて柔らかくほどけていき、自分らしくいる心地よさに気づく。そうして、気づいたときには不思議と次の何か（しかも素晴らしい出会いであることがほとんど！）と出会わされている。出会いは新しい人、趣味、またはやっかいな問題かもしれない。しかし、どんなときも、またもう一度、自分の声に耳をすませて「ひとり」に戻れば、与えられる無限のつながりにふと気づかされる。

「あなたがあなたを語らなくても、ウニヒピリといっしょにいれば、相手はあなたを見るし、聞いてくれるよ。デートでも、面接でも、会議でも、あなたが着飾りすぎたり、しゃべりすぎなくても、ウニヒピリといっしょにいれば、あなたがきちんとあなたとして、相手に映るんだ。あなたが表現し損ねたこと、伝え忘れたことも、相手が受け取ることができる。もう帰り道に自分を責めたり、後悔したりすることをしなくてもいいんだよ」

博士からセルフクリーニングの言葉

「ラブ・ゼロ」

テニスの試合を見たことがありますか。

テニスのスコアの数え方は、Ｌｏｖｅ（ラブ＝０点）、十五点、三十点、四十点となっていますね。試合はＬｏｖｅ＝ラブ・ゼロ・愛から始まります。

では、Ｌｏｖｅという言葉をホ・オポノポノの視点から考えてみましょう。

Ｌｏｖｅはスコアのない状態、賞金や報酬や損得がないこと、無の状態を意味します。愛はすべてを手放した、何もない状態にわたしたちを戻します。

Ｌｏｖｅはゼロ、あなたやわたしという一個の人間を愛という無の状態、無であり、すべてである状態、ホールネス（ｗｈｏｌｅｎｅｓｓ＝全体）へと導きます。

ホールネスにわたしたちが達するには、怒り、恐れ、自責、他責、恨み、自分を痛める考え方、有害なエネルギーなどをゼロにするというプロセス、つまりクリーニングをする必要があります。

恨みのような感情や考えはわたしたちの心をバラバラにし、不調和や心身の不調に陥らせる原因となります。

人生を生きる目的、命本来の意味は愛に立ち戻ることです。

いつか、そうするのではなく、今このとき、この瞬間に愛に立ち戻ることです。

Dr.Hew Len's Message Board

ヒューレン博士は、よくユニークなイラストを描いて、
ホ・オポノポノを説明してくれることがあります。
ちょっと、ここでご紹介…

1 ｜ ウニヒピリの中で記憶が再生されているとき、あなたは記憶（メモリー:以下m）を見ているんだよ。そんなとき、クリーニングをしなければ、あなたは他のどんな人とも「m」を通してつながることはできないんだ。

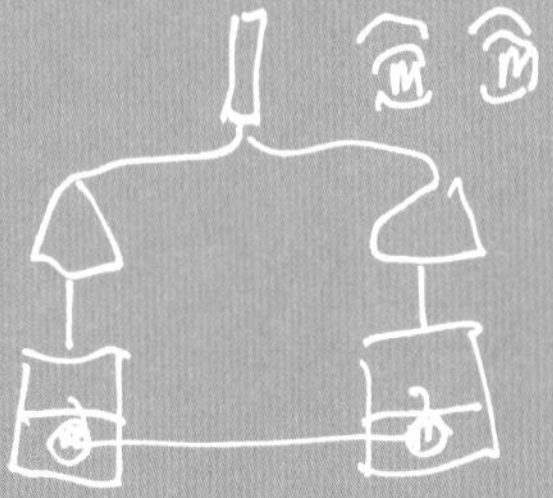

2 ｜ クリーニングされ、ゼロからインスピレーションを受け取っているとき、あなたはインスピレーションから外を見るんだよ。そんなとき、あなたは他の誰とでもインスピレーションを通してつながり合うことができる。

3 ｜ クリーニングの流れ

m ＞＞ ゼロ ＞＞ インスピレーション

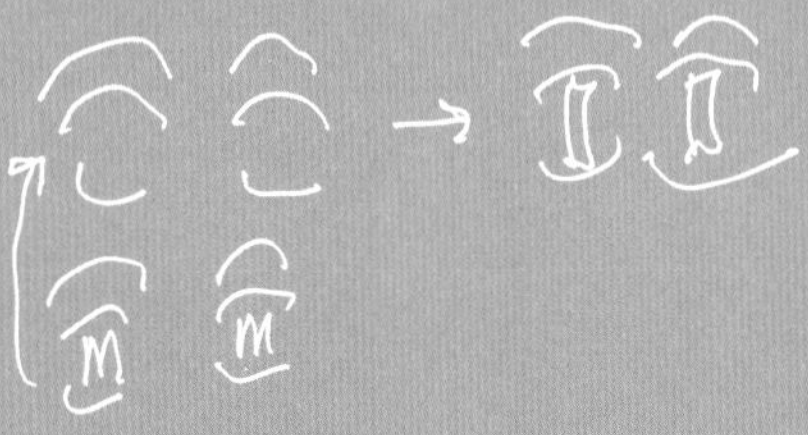

4

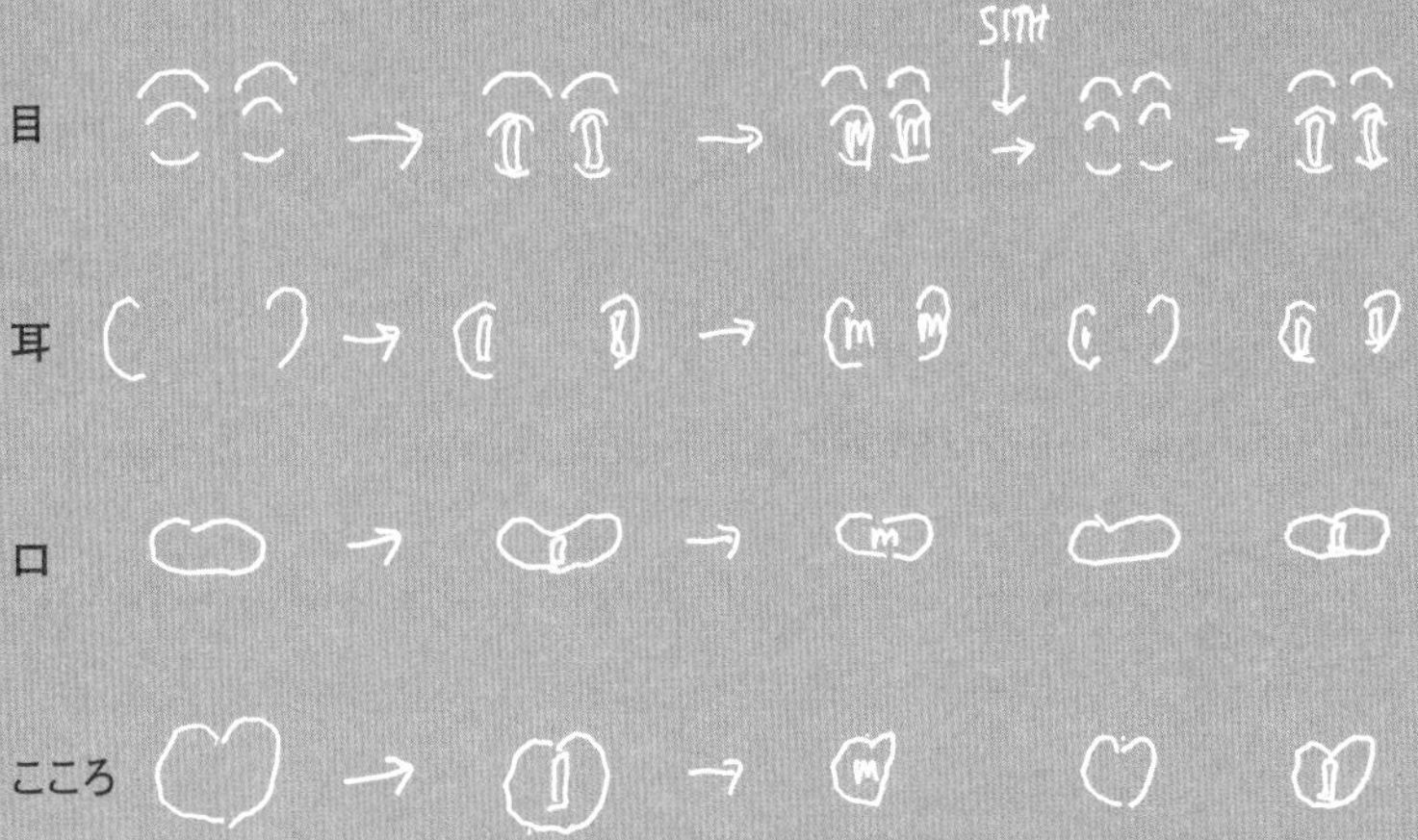

クリーニングの出番

もともとはゼロだった ＞＞ そんなとき インスピレーションを見ることができる ＞＞ 記憶が再生される ＞＞ ゼロ ＞＞ インスピレーション

5

すべての原因［記憶の再生］ ＞＞ 結果［たとえば病気などの問題となって現れる］

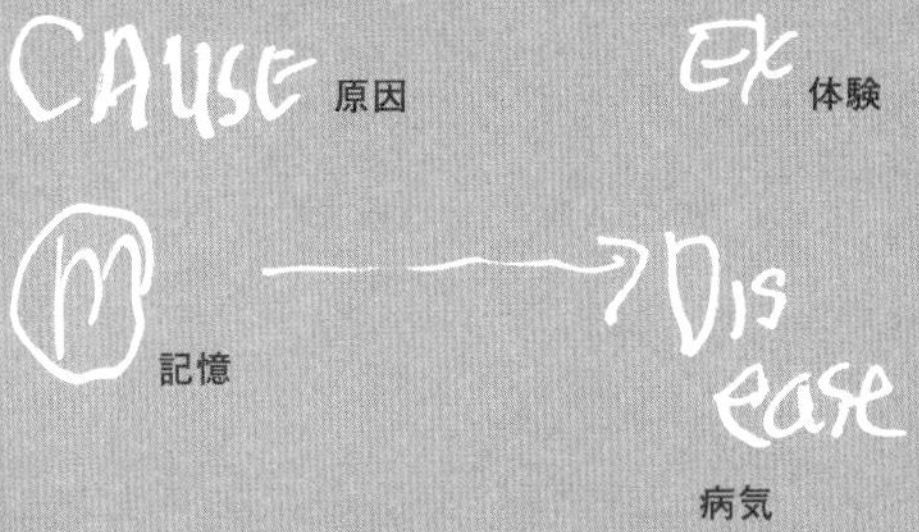

自分を大切に扱うことは、ディヴィニティーへの感謝だよ

家族が問題を抱えているとき、何をしていても楽しくない。家族が病気で苦しんでいれば、朝から晩までそのことで頭はいっぱいだ。何かに夢中になって家族のことを忘れていると、今度は罪悪感が湧いてくる。仕事をしているときもそのことが頭から離れず、いつも曇ったような気持ちが続いていた。そんなとき、博士はわたしに向かってこう言った。

「自分を大切に扱い、愛することは、かみさまに感謝している姿勢だよ。何があっても、まずは最初に自分のウニヒピリのケアをする。つまり自分とたっぷりいっしょにいて、その瞬間を思いっきり生きる。それは、すべての源である大きな存在にこころの底から『ありがとう』と伝えていることになるんだよ」

自分を大切に扱うことは、ディヴィニティーへの感謝だよ

「心配」という記憶が再生されているとき、そこに留まることだけがせめてもの思いやりと勘違いし、すべきことに手がつかないばかりかウニヒピリの存在も忘れている自分がいることに気がついた。

家族が悩んでいても、クリーニングを続けることはできる。お見舞いに行きながら、家族の背中をそっとさすりながら、コンビニでおみやげのゼリーを選びながら、わたしの中で体験されるその問題に「ありがとう」と語りかける。

友達と楽しい時間を過ごしたら、その「楽しい」をクリーニングする。帰り道、そわそわしたら「ありがとう、愛しています」。まずはその繰り返しを、わたしは責任を持って行うことにした。

「幸せになったら、誰かを困らせる、悲しませる。誰かから憎まれると思っている人がいる。でもそれは幻だよ。あなたが記憶を消去して、ほんとうの幸せと共にあるとき、つまり、ウニヒピリのほうまで『幸せ』と愛が届いたとき、現れるのは調和だけだよ。過去の記憶のせいで、幸せに対して恐怖を感じている人がほんとうにたくさん

いる。かみさまに感謝することに罪悪感を抱く必要なんてあるかな？」

博士のこの言葉を聞いて、自分が自分といっしょにいてクリーニングすることでその大いなる存在に「ありがとうございます」と語りかけていることができている……そのことにピンときたとき、わたしの中に長いことあった不安と罪悪感が消えた。

それと時を同じくして、わたしの最愛の家族のひとりが心の健康を取り戻した。小さなものにも美しさを見つけ、楽しむようになった。自然と体が喜ぶものを好んで食べるようになった。

「あなたのたましいを曇らせる自己否定をクリーニングしよう」

家族との関係、そして家族が病で苦しんでいるという体験を通して、大いなる存在が、静かにわたしに向かって表現してくれていることに、ふと気づかされるようになった。

今まで後ろ髪を引かれるような思いで、とぼとぼと歩いた病院からの帰り道で、家族へのこころからの感謝と、時間をともに過ごせることの喜びと楽しみを感じられるようにもなった。
そんなとき、わたしは感謝せずにはいられない。何か目には見えない大きな存在に、大きな声で「ありがとう！」と叫び出したくなるような体験だ。そして、この体験は、わたしの家族が病で苦しんでいるという現実を体験する、わたしの記憶をクリーニングしたことから与えられたものなのだ。

「みんなそれぞれにディヴィニティーがいる。ディヴィニティーは完璧なことをそれぞれに与えてくれるから安心して。だから、あなたは、あなたのしごとに集中していいんだよ」

博士の一言は、わたしとその愛する家族のほんとうのつながりに気づかせてくれた。
そして大病を抱えていた家族は、以後、医者から「決して摂取をやめることはできない」と言われていた薬を奇跡的に服用しなくてもよくなった。

博士からセルフクリーニングの言葉

何度も言うけれど、自分を最初に大切にするんだ。
それ以外はいつもその後なんだよ。
それに罪悪感を感じるとしたら、
それこそがあなたのウニヒピリ、
そして、この宇宙全体が手放したいと思っている辛い記憶なんだよ。

僕は知っているよ。

自分をいちばんに大切にしている人たちは、
その他の誰よりも自然や、まわりにいる人や生き物、
お家など、どんな存在に対しても大切に扱っている。
すべてに丁寧で愛を表現する最高のアーティストなんだ。

自分を大切に扱うことは、ディヴィニティーへの感謝だよ

ジェントルマンでハートフルな天使のような人たちだよ。

愛されていることを知っているウニヒピリほど、
最高のアイディアを与えてくれる存在はいない。
完璧なタイミング、完璧な環境を用意してくれる存在はいない。

だから自分を大切にするんだ。

あなたが外から望むものを、今すぐ、あなたは自分に与えることができる。
それはきっと、自由や愛や平和なんだ。

あなたの中で愛が体験されたとき、
あなたのたった一言で愛の種が届くべき場所に与えられるよ。
あなたの中で平和が体験されたとき、
あなたが送るメール一通で平和の種が届くべき場所へ届くよ。

それぞれがほんとうの自分を取り戻すこと、幸せであることに責任を持ったとき、この宇宙の隅々にまで、ホ・オポノポノのクリーニングのプロセスは行き渡るんだよ。

あなたがほんとうに必要なものを取り戻せば、まわりもちゃんと取り戻すことができる。

時間にもアイデンティティーがある。大切にしなければ時間は逃げていってしまうよ

一度、博士との約束の時間に遅れてしまったことがある。文字どおり頭は真っ白になり、焦り、申し訳ない気持ちでいっぱいになって、「遅刻をして、ほんとうにごめんなさい！」とただひたすらに謝った。

すると博士は、真顔でこう言った。

「謝るのは僕にじゃないよ。謝るとしたら、時間とあなたのウニヒピリにだね。あなたがもしも、時間のマネージメントが不得意なのだとしたら、時間が大切に扱われていないと言って、あなたをボイコットしているしるしかもしれない」

ぴーんときた。わたしはたいして忙しくもない日でも、時間が足りないと感じてい

ることがよくある。時計を何度も見ながら用意をし、ある程度一日の計画を立てていたはずなのに、時間配分がなぜかうまくいかず、すべきことを後回しにして、結果いつも焦っている。よく友達から「てんぱっているよ」と言われる。
　または、居心地の悪い場所や現場に遭遇したときなど、時間に対して「早く時間よ過ぎておくれ、過ぎ去っておくれ〜！」とこころの中で唱えたりするような体験も少なくない。どちらにしても、時間と自分の関係を見てみたとき、あまり良い関係とは言えない。

「自分にとって、この瞬間が与えられていることをクリーニングしないと、そこにいる時間が『もうここでは息ができない、ここにいたくはない』とあなたの元から逃げ出そうとするだろう。時間というアイデンティティーがあなたを本来導きたい場所に連れていくことができずにその働きが滞ってしまう。時間とは本来、とても豊かで創造的なものなのに、あなたが手放そうとしない『過去』のせいで、時間自身も身動きがとれなくなってしまうんだ」

＊

時間にもアイデンティティーがある。
大切にしなければ時間は逃げていってしまうよ

博士は時間について、こう教えてくれた。

わたしたちと同じように時間は意識や記憶を持っている。わたしから手放された記憶は、同時に時間からも取り除かれる。

反対に、わたしが自分のすべきこと、つまり今、目の前に現れていることを内側に向かって話しかけず、手放していいはずの記憶をそのままにすれば、時間が持つ本来の働きさえも損なってしまうのだ。

「時間を粗末に扱えば、あなたはこの世で行き先を失ってしまう。

時間に嫌われている人はどこに行ったって居場所がないんだよ。時間を適当に扱うと宇宙はあなたに時間を与えてくれなくなるだろう。

時間の管理がどうしてもうまくいかないと体験しているのであれば、日ごろの体験にクリーニングする注意を払ってごらん。

食事中となりの席でけんかしている声が聞こえたり、お気に入りだったお店がある日閉店していたり、日々体験することに対して細やかにクリーニングをしていくと、記憶によってせき止められていたものが再び流れ出し、バランスはちゃんと元どおりになるよ。もちろんあなたと時間の関係もね」

どんなに細かなことも時間を飛び越えて結びつき、今、この瞬間の体験の中で引き起こされている。「これはクリーニングする記憶、これはクリーニングしなくていい記憶」、そんなふうに頭で選別するものではないのだ。

朝起きて、その日にわかるかぎりの予定をあらかじめクリーニングしたり、毎日乗っている電車をクリーニングしたり、たまたま時計を見たときに目に入ってくることもクリーニングしたり……。

何よりも、この時間が運んできてくれた出来事を「今」クリーニングすることこそが大事なのであって、それが時間というアイデンティティーへの最大の敬意の示し方だと博士は教えてくれた。

「時間に対して、早い、遅いと感じることがあれば、その体験に四つの言葉を言ってごらん。予定より早く用事がすんで嬉しいなと思ったとき『愛しています』とこころの中で言ってごらん。時間は今世でクリーニングすべきたくさんの記憶をあなたと共有しているんだよ。と同時に、時間があるから、あなたは『わたし』を表現させてもらえるんだよ」

まだまだ時間とのクリーニングは始まったばかり。わたしにとっての最大の課題だ。時間に振り回されながら、ほんとうに泣きたくなることのほうが多いのだが、そんなときもクリーニングをしながら、ウニヒピリが「時間」を通して運んできてくれることに感謝して、少しずつ、わたしらしさを取り戻していくことを体験している。

時間さん、わたしのそばにいてくれてありがとう。

時間にもアイデンティティーがある。
大切にしなければ時間は逃げていってしまうよ

博士からセルフクリーニングの言葉

あなたのいのちにフォーカスしてください。
ウニヒピリが見せてくれる物語の中で迷子にならないでください。
あなたが今体験しているものひとつひとつが、ほんとうのあなたを取り戻すためのかけらであることをいつでもこころの片隅に入れておいてください。
そして、今すぐあなたの内側にお家をたてましょう。
あなたを育て、恵みを与えてくれるお家です。

STABLE／安定
SECURE／安心
PEACE／平和

この三つによってそのお家はできています。

ウニヒピリは最高のアーティスト。どの瞬間も記憶を手放すチャンスを与えてくれている

ある日、博士が宿泊していたホテルに飾られていた絵画を見て、わたしが「きれいですね」と言ったら、博士は笑顔でこう答えた。

「クリーニングが進んでいるね。あなたのウニヒピリが出会わせてくれたこの絵から、あなたはまたクリーニングするチャンスを与えられたね」

そう、私のウニヒピリは常にさまざまな情報や記憶と私を出会わせてくれる。

記憶とは、決して悲しみや苦痛の伴った問題だけをわたしに遭わせるのではない。

美しい音楽や絵、写真やお気に入りのおとぎばなし、料理や映画など、わたしに感動を与えてくれる体験からも手放すことができるさまざまな「記憶」がある。

「色ひとつでさえ、その鮮やかさにあなたが心を動かされたのなら、それは過去に体験された記憶をウニヒピリが運んできてくれたというサインだよ」

「クリーニングするために起きる」と妙に意識しなくても、ウニヒピリが出会わせてくれたことに素直に感謝していると、こころを動かしながら感動する瞬間、感性が動くその瞬間、再び膨大な記憶がわたしたちの目の前に現れている。

クリーニングとは、ただ何でも感情を捨てて、何に対しても動じなくなるものではないのだな、と博士の姿を通して教わった。博士自身、ときにはジョークを飛ばし、笑いを人と共有し、日々絵画や音楽を楽しんでいる、とてもチャーミングな人だから。

「クリーニングしきれていないから、思い出し、何かが起こるんだよ。記憶があるから、旅をしたり、音楽を聴いたり、人と話したり、何かを分かち合うんだ。

そして、それは悪いことではなくて、ただクリーニングするチャンスをいろいろな形で与えられているだけなのだから、あれこれ頭で考えるのではなく、素直にクリーニングすることが最大のコツだよ」

＊

ウニヒピリは最高のアーティスト。
どの瞬間も記憶を手放すチャンスを与えてくれている

読者の皆さまも、旅先でまったく関係のないことをふと思い出すことがないだろうか。わたしはいつも、行く先々でいろいろな思いが出てくる。それまでのわたしなら、そこでセンチメンタルな感情に浸るだけで終わっていたが、ホ・オポノポノを知ってからは、それこそがこの旅を通してウニヒピリが見せてくれたクリーニングのチャンスなのだと素直に受け取って、クリーニングするようにしている。

例えば最近のことである。

ヨーロッパ旅行で訪れた巨大な鍾乳洞《しょうにゅうどう》を歩いていたとき、突然、叔父の先妻さんのことが鮮明に思い出された。まったく意識になかったので、突然の再会のようで嬉しい気持ちと少し苦い気持ちのすべてをひっくるめてクリーニングしてみた。

「ウニヒピリさん、わたしの中でまだ消去されていない記憶を見せてくれてありがとう。◯◯さん（叔父の先妻の名前）、小さな頃、遊びに行ったとき、おいしい料理を作ってくれたり、面倒をみてくれたり、ありがとう」

何だか詰まっていたところがすっきりとしたような爽やかな気持ちで鍾乳洞を出た。

旅はそのまま安全に終わり、その後半年ほどして、他の家族たちによってアメリカのシアトルに住む叔父に会いに行くための旅の予定が立てられていた。

ところが訪れた先で、叔父の生活ぶりが激変していることに家族全員驚かされた。それまでは頑固でネガティヴなことばかりを言っていたのに、明るくお茶目で楽しい叔父になっていたのだ。質素な家に引越しをして、新しい素敵な奥さんと明るさに満ちた生活を送る姿は、まさしく叔父の先妻さんを通して感じた、わたしのインスピレーションそのものだった。叔父からの提案で隣町に住む先妻さんと会ってお茶をする機会も与えられ、今度は実際にお礼を伝えることができた。

その後しばらくして、心臓病をわずらい亡くなった祖父を看取ってくれたのはその先妻さんだった。もしもわたしがあのとき、叔父の先妻であった義理の叔母をクリーニングせず、ただなんとなく疎遠になってしまったような関係であったとしたら、血のつながりがない彼女に祖父を看取らせてしまったことに、感謝だけではなく、なんとなく後悔や申し訳なさが苦々しく残ってしまっていただろう。

しかし、長年、時をともに過ごした叔母に看取られた祖父の死に顔は、これまでにないほど穏やかな表情で、家族みんなが平和にまとまって完了を迎えることができた。

＊

ウニヒピリは最高のアーティスト。
どの瞬間も記憶を手放すチャンスを与えてくれている

そして、叔父の先妻さんに、笑顔でこころから「ありがとうございます」と伝えることができた。

もちろん、クリーニングしたことで、何がどう結果となって現れているのか、わたしにはわからない。しかし、現れた記憶をその場でクリーニングすると、後々、必ず違った形で何かのバランスが整っているのを、まるでご褒美のように見せられる体験が何度となくあったのだ。

「わたしたちは、どの瞬間もウニヒピリが表現する記憶との〝出会い〟の場に立たされている。そして、わたしたちは『クリーニング』という素晴らしいツールを、どの瞬間にも与えられている。豊かさ、平穏、愛を、そこから選択することができるんだよ」

二〇一一年三月、講演のために博士と初めて台湾を訪れたとき、短い空き時間を使って故宮博物院へと足を運んだ。そして集合時間を決めてから、それぞれ自由行動をすることにした。

ずっと来てみたかった場所に来ることができてわくわくしていたわたしは、博士がある馬の像を眺めているのを見届けてから、さっそくフロアを回ることにした。

二時間してから、同じ場所に戻ると、博士はまだ同じ馬の像を眺めていた。

その日、台湾の出版社の人との会話でもその馬の像を話題に持ち出していた。お茶を飲んでいたときも、その馬の像のある博物館の名前を問い直していた。

わたしがすぐに通りすぎてしまったその馬の像から、博士のウニヒピリは一体どんな情報を博士に届けていたのだろうか。

博士はよくこんなふうに、わたしだったらただ通りすぎてしまうようなことに立ち止まり、真剣にクリーニングすることがある。

とある田舎町で立ち寄った美術館の一枚の絵画、海岸に打ち上げられていたワカメのひとかたまり、お茶屋さんでおちょこサイズの茶碗で出されたプーアール茶の表面。ただじっと見つめているだけなのだが、博士がクリーニングしているのがよくわかる。そんなとき、慌ててわたしもクリーニングを始める。そうして、博士がクリーニングを終えて、そっと静かに顔を上げて微笑んでくれたその一瞬が、いつもわたしのこころの中で宝物のようにきらきらと光っている。

博士からセルフクリーニングの言葉

記憶は悪者ではない。
記憶が悪ではないんだよ。
記憶がわたしたちを支えてきてくれたことは、
いくらだってあるはずだ。

でも、わたしたちは記憶をそのままに放っておいてしまうと、
どうしたって自分を見失ってしまう。
それが悲劇の始まりなんだ。

ウニヒピリはね、とってもまじめなんだよ。
いつの日からか溜《た》め込まれた記憶を、
いつまでも再生し続けている。

誰も興味も示さない、見ようともしない、その記憶を、
何度でも繰り返し、繰り返し、
あなたに消去してもらうまで、形を変えて再生し続ける。

記憶を還るべき場所に還してあげることができるのは、
唯一、表面意識である自分だけなんだよ。

「わたし」が始めないと誰も始めることができない。

夢中になりすぎているとき、ウニヒピリの声は届かないよ

約束した友達と会っているとき、相手に伝えなくてもだいたいの帰る時間は決めていることが多い。実際に会ってしまうとあまりにも楽しくて、決めたはずの時間が迫っても、「もうちょっと、あとちょっと。えーい忘れてしまえ」と、その場の雰囲気に流されて、なんとなくだらだらと居座ってしまうようなこともあるが。

ところが、そうして居座った結果、楽しかったはずの場の空気が、行った初めの頃と変わってしまうこともしばしば。

さっきまでの平和で陽気な空間が、苛立ちや妬み、焦りや不安などであふれた場所に変わってしまったり、友達ともさっきまでの和気あいあいとした雰囲気からなんとなく嫌悪感が見え隠れしたり……。まるで十二時を過ぎたとたんに魔法がとけて姿形が変わってしまうシンデレラのような体験が、わたしには今まで幾度となくある。

「あなたの小さな約束事も、ウニヒピリはちゃんと聞いているよ。これが手に入ったらこれはやめるとか、このことがうまくいけばこのことを信じてみようなどという願掛けなんかもすべて、あなたがこころの中でささやいた、小さな約束事をウニヒピリはちゃんと聞いているんだ」

ある日、博士がこんなことを教えてくれた。夢中になるほどの楽しい時間や、からだがカッとするほど何かに熱中しているとき（買い物をしているとき、旅行中、テレビやネットにはまっているときなんかもそうだ）、ウニヒピリの存在を忘れがちだ。
実際に、声に出して誰かと約束をしたわけでなくても、自分のこころの中でなんとなく帰る時間を決めていたにもかかわらず、あともうちょっと、あともう一杯、あともう少し……こんなふうに自分で決めた初めの小さな約束事をごまかしていくたびに、自分の中に不誠実な黒い塊があるのをほんの少し感じるのだとしたら、それこそがウニヒピリの声なのだそうだ。

「いつだって、あなたがウニヒピリにどう誠実でいるか、それだけなんだよ。記憶中

夢中になりすぎているとき、ウニヒピリの声は届かないよ

毒になってウニヒピリを忘れてはいけないよ」

もちろん楽しければゆっくりそのまま楽しんだっていいときもある。

しかし、わたしの場合はいつだって、その楽しさに自分が夢中になっているとき、中毒のようになっているのだ。

「夢中」になるって素晴らしい。しかし、記憶中毒の中で体験される夢中は、まるでパソコンの使いすぎやテレビの観すぎで頭が痛くなるときに似ている。小さな頃、公園でからだ、こころ、頭全部を駆使して夢中になっていたのとはちょっと違う。

「苦しいときウニヒピリに声をかけるように、楽しいときも嬉しいときも、ウニヒピリを膝の上に置いてあげる。そんな関係が作れるといいね」

博士はこうも言っていた。楽しさに夢中だとしても自分の中のウニヒピリといっしょにいることだってできる。ほんの一瞬、一呼吸して、今この楽しさをクリーニング、自分の中に現れたもともとの時間もクリーニングできる。

「あなたが何かに夢中になりすぎているとき、ウニヒピリの声は届かない。あなたはあなたという完全なる『ひとり』、つまり『ほんとうの自分』を失っている。そんなあなたにやってくる疲れや鬱は、ウニヒピリがあなたともういっしょにいたくないと離れたがっている証拠だよ」


楽しさに夢中になっているときでも、実は小さな声が聞こえるときがある。

「ああ、ちょっと疲れてきたな」とか「このむなしい感じなんなんだろう」とか。ほんの一瞬でもかすかに聞こえてくる声がある。夢中になっているときでさえ聞こえてくる、そのかすかな声をちゃんと拾って、たった一秒でもいいからクリーニングする。

頭だけを使って酸欠状態になっているとき、記憶の再生マシーンと化したわたしは、人にも場所にも記憶を吐き出しているだけなのだろう。ものすごくハイパーに楽しんだあと、むなしさや悲しさを感じるのはきっとこのせいなのだ。

「ウニヒピリよ、戻っておいで」と困ったときだけお願いするのではなく、いつもいっしょにいてくれるように、わたしはわたしのしごとをしよう。

✷

夢中になりすぎているとき、
ウニヒピリの声は届かないよ

「今この時間、この人たちといてとっても楽しいね。見せてくれてありがとう。なんだかちょっと疲れてきたけど、これも記憶の再生なんだね。クリーニングして、どうするかいっしょに決めよう」

「楽しさへの期待や充実していることへの執着心は、ウニヒピリを苦しめるよ」

博士からこんなことを言われたことがある。わたしがこれから過ごす時間に対して、ある特定の期待や執着で縛られているとき、ウニヒピリはそこで光から遮られてしまうのだそうだ。起きることも、そこで味わう感情もクリーニングのチャンス。

ウニヒピリはあらゆる情報を与えてくれている。どんなときでもわたしに道を提供してくれている。楽しさや充実にわたしが固執すればするほど、ウニヒピリはわたしの人生に参加はしてくれなくなるだろう。

「楽しい」と夢中になっているときも、だらだらと怠けてしまっているときも、わたしがクリーニングしながら自分を内側に開いていれば、ウニヒピリはどんどん参加してくれる。

博士からセルフクリーニングの言葉

今日一日、ウニヒピリといっしょに過ごす。
ウニヒピリのケアテーカーとして生きてみる。

嬉しいときもいっしょ。
悲しいときもいっしょ。
怒りがあるときもいっしょ。
今日一日はずっといっしょにいてみる。

声が聞こえないはずはないよ。
あなたのマインドが止まることはないからね。
あなたの感情、考え、すべてウニヒピリが見せてくれているんだ。

たまには公園にひとりで行ってみる。
ほんとうの「ひとり」を味わうために、
ウニヒピリ、ウハネ、アウマクア、誰も欠けることのない、
ほんとうの「ひとり」を体験しに公園にひとりで行ってみる。

目に映るもの。
耳に入ってくる音。
止まらない思い。
寒さ、暑さ。
すべての体験をウニヒピリと会話してみる。
クリーニングから始まる会話。
呼吸をいっしょにしてみてもいい。
ＨＡの呼吸はウニヒピリとの最高のコミュニケーション。
聞こえてくるものが愛だろうと恐怖だろうと、

ウニヒピリといっしょにいる。
帰り道もそうしてみる。
翌朝もそうしてみる。
次の日も次の日も、
長い時を超えてやっと出会えたウニヒピリ。
これからどうやっていっしょに過ごしていくか、
あなたにはそれを選択することができる。
また家族バラバラになることもできる。
手を取り合ってほんとうのお家に戻っていくこともできる。

あなたとウニヒピリがいっしょにいるとき、
光はあなたの元にようやく届くよ。

どんな関係よりも大切にしなくてはいけないもの、
それはウニヒピリとあなたのリレーションシップ。

ＨＡの呼吸

ＨＡの呼吸はどんなときもできるクリーニングの方法です。

朝起きてベッドから出る前にわたしは、毎日この呼吸法を行います。

今までのわたしはたいてい、朝起きて憂鬱な気持ちでした。夢から覚めて、まだ頭が働かないせいか、ウニヒピリが見せてくれるさまざまなイメージがあふれて圧倒されているような感覚です。そんな朝をＨＡの呼吸で始めると、その流れ出てしまった記憶たちがクリーニングのサイクルの中に戻っていってくれるような気がします。

新しい場所に行く前、誰か（特に新しい人）と会う前や会議の前などにこれを行うことを、自分の軸を直すようなピュアな儀式として大切にしています。

実際に、流されたり、変なことを口走ったり、緊張したりすることが減りました。恥、憧れ、緊張、自己卑下、自己顕示欲という記憶にとても効果があると体験しています。

または、オフィスを出る前（その日、上司に怒られたことやイライラしたことはオフィスにもデスクにも、椅子にも同じように体験されているのです）、けんかをしてしまったあとの家（飛び交った嫌悪の言葉はお部屋も家具もすべてが聞いています）などでも、ＨＡの呼吸をすることは効果的です。

以前、博士に「世界中を毎日のように移動して、時差ぼけなんかでからだの具合は大丈夫ですか？　わたしは昔からどんな短い距離でも飛行機に乗ると、降りてから丸一日はからだ中に痛みがあります」と言ったことがあります。

「あなたのからだの痛みは飛行機の痛みだよ。土地との別れにも痛みが伴うことが多いよ。わたしはＨＡの呼吸をしているから大丈夫だよ」と博士は教えてくれました。

それ以来、飛行機に乗る前、乗っているあいだもＨＡの呼吸をしています。体の痛みはまだあるけれど、飛行機を降りてからのこころの状態は以前にもましてすっきりしています。渡航時間中に、シャワーを浴びたようなそんな感覚として実感があるので気持ちよく続けていけるのです。

こころが壊れてしまうようなショックな出来事やそんな光景を目にしたときも、できるだけＨＡの呼吸。そうすると、その物語が伝えてくれているものの中から自分ができることをすっとつかむ、そんな自分がセンターでいられる環境が整います。それを実行するために必要な活力が自然に蓄えられていることが多いのです。

基本の姿勢

背中は
先祖を
表します
ひざの上に手をのせる
足裏を地面につけることで
大地のクリーニングをします

手の組み方

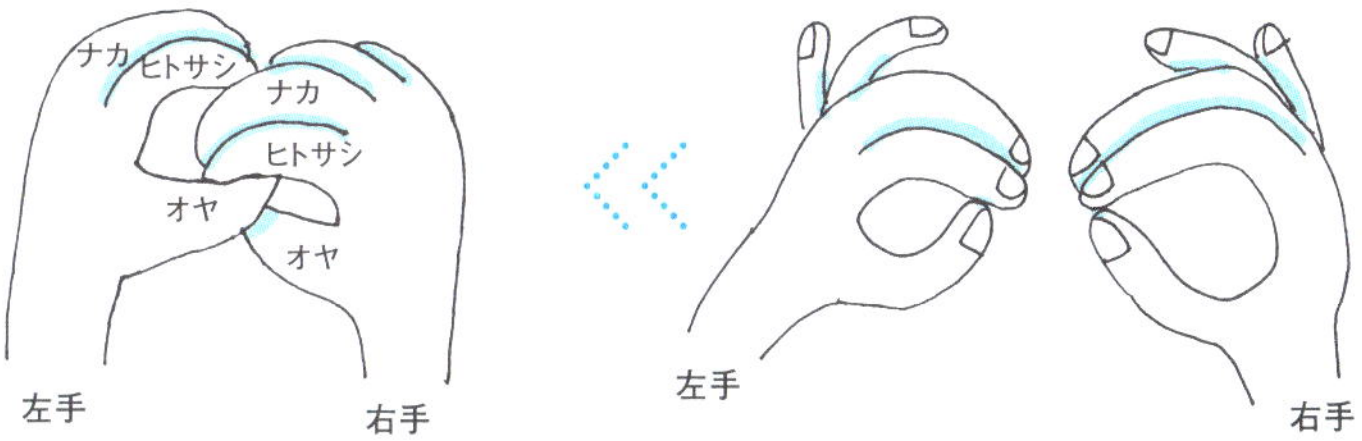
ナカ
ヒトサシ
ナカ
ヒトサシ
オヤ
オヤ
左手
右手
左手
右手

呼吸の方法

❶
7秒かけて鼻から息を吸う
❷
7秒間息をとめる
❸
7秒かけて鼻から息を吐く
❹
7秒間息をとめる

＊❶〜❹を1ラウンドとして、これを7回繰り返します。

わたしはとても短気です。まわりにいる人にも申し訳ないですが、怒りがあふれて止まらないときほど、苦しくて疲れてしまいます。そのような感情をなかなかコントロールができませんでしたが、今はこのHAの呼吸法を通して、抑えるのではなく、呼吸に変えています。そうすると、自分が何者であるのか気づく体験が必ずすぐに目の前に現れます。

何かを強く求めたり、得たいと思って感情を熱く燃やしたりしているときや、競争心を体験しているときも必ずHAの呼吸をします。そうすると、たいていはすぐに、実は自分が感じているほどそれを欲していないことに気がつきます。または忘れた頃にすんなりほしかったものが手に入ったりしていることが多いのです。

とにかく、お気に入りのクリーニングツールなのですが、それはきっと「HAの呼吸」をすることで、自分がウニヒピリとコミュニケーションがとれていることを実感できるからだと思います。

呼吸器官に障害がある方やカウントをするのを忘れてしまうという方は「HAの呼吸」と心の中でイメージするだけでもいいそうです。それぞれ皆、オリジナルなリズムでカウントしてもいいのです。

自分の中にある戦争を終わらせるために、ジャッジメントをクリーニングする

博士が講演のために世界各国を訪れるたび、現地のスタッフに必ず聞くことがある。

「今この国ではどんなことが起きているの？」

または新しい土地を訪れるとき現地の人にもこんなふうに聞くこともある。

「ここではどんな歴史があったの？」

世界中のどんな土地にも、その土地なりのものすごい歴史があふれている。

ところが、それ以上に驚かされるのは、人間はものすごくたくさんのことを知っているということだ。犯罪、有名人の結婚、大企業の合併、政治の不正、革命、災害、選挙、戦争……どんな国であろうと日々大量のニュースであふれている。

行ったことのない遠い国のニュースまで知っているわたしたちは何が起きているの

かを聞かれたとき、「知りません」と答えることのほうが難しい。意識していないはずなのに、調べたことさえないはずなのに、聞かれたとたん、まるでロボットのように口からは、ものすごい量の情報が次から次へと飛び出してくる。
それにつられて、今まで意識したことのない感情までが言葉を通して現れる。恐れ、怒り、喜び、感動、興奮、悲しみ、ほんとうにいろいろだ。
それを聞いて博士はこう答える。

「聞かせてくれてありがとう。見せてくれてありがとう。この地がどんな声を聞いているのか、あなたがどんな状態であるのか、わたしの中にどんな記憶があったのか、教えてくれてありがとう」

博士は決して、良いとか悪いとかの話を始めることはない。

「わたしの中でも、毎秒毎秒、いろんな記憶が再生されている。わたしが気づかないあいだも、ウニヒピリは何億もの情報を抱えているんだよ。たとえ人に聞かれなくても、マインドは信じられないようなことを話し続けている。マインドが自分をコントロールすると、記憶で見て、聞いて、話すことしか自分にはできなくなってしまう。

そしてこの地球という大地にもその怒り、悲しみは刻まれる。

国や環境を自由にしたいのであれば、まずはあなたから自由にならないといけない。

家族の平和を願うのであれば、まずはあなたから平和にならないといけない。

こんなちっぽけなことを、口先だけと思っているあいだに、あなたの中ではどれだけの記憶が再生されているだろう。それが地球の裏側に住む人のいのちを削っていることにもつながることを、意識にとらわれたあなたは気づかないだろう。

あなたのたったひとつのいのちを輝かせることが、この宇宙をひっくり返すほどのパワーを持っていることに気づいている人は少ない」


ニュースを見て政治批判をしたり、家族に「やっぱりこの人は頑固だ」と思ってみたり。困っている人に対して「かわいそうだ、かわいそうだ」と感情的になったり。誰かに対して何かを判断することをわたしたちはやめられない。しかし、それに気づいたとき、わたしはからだをとらえられてしまった囚人のような不自由さを感じる。

「Kukaipa'a
それは頭の便秘のこと。
便秘はよくないよ。
吹き出物が大地を通して現れる」

ほんとうのことは、わたしにはわからない。博士はこの「ほんとうはわからない、知らない」という立場がクリーニングではものすごく大切なのだと教えてくれる。だから、今はできるだけ、自分の中から意見が出てくるとき、まずは自分自身をクリーニングする。結果として何が起ころうとも、その思いはずっと長いあいだウニヒピリが抱えてきたことだから、今度はわたしがクリーニングする番だ。

相手の中に見えたその考えは、わたしの中に世紀をはるかに超えて溜《た》め込まれてきたものなのだ。わたしの中のジャッジメントをすぐにクリーニングすることが大切で、無理矢理手放す必要さえないのだ。

✷

自分の中にある戦争を終わらせるために、
ジャッジメントをクリーニングする

「そうすると、自分のすべきことが目の前に現れ、やり方、人、情報などが、そのとき必要な分だけ揃っている。そこから発せられたあなたの言葉や行動は、インスピレーションとして届くべきところに届くんだよ。どんなときも忘れてはいけない。『Peace begins with me.』――平和はわたしから始まるということを」

わたしは二〇一一年中頃から、しごとで台湾と日本を行ったり来たりしている。台湾で暮らしはじめたばかりの頃、博士もちょうど講演会のために台湾へやってきた。台湾は初めて土地を踏んだそのときから、魅力を感じた大好きな国なのだが、その頃、言葉がうまく通じない不便さもあいまって、生活のストレスがピークに達していた。

特にわたしの飲食店に対するイメージがあまりよくなかった。味はおいしいし、フレンドリーだけれど、ホスピタリティーを考えたときに日本と比べてサービスの差は歴然だ！　といつも勝手にこころの中で感想を言っていた。物価の違いを理由にしてなんとか納得していた気がする。

それを読み取ったかのように、ヒューレン博士はわたしに話しかけてきた。

「決めつけをクリーニングしよう。この国はこういうところがある。この町はこういう町だと、そのような感情が自分の中にあるとしたら、積極的にクリーニングすることが大切だよ。あなたの記憶から再生された判断、思考が、相手のほんとうの才能が表現されることをストップさせてしまうんだよ。クリーニングする機会を与えられるために、新しい土地にやってきたんだよ」

台湾に対して持っているイメージをどんどんクリーニングしていった。同時にわたしが日本に対して持っているイメージもクリーニングしていった。すると、毎日驚くほど、自分がいかにその土地に対してジャッジメントを下しているかに気づかされた。

道でおじいさんたちが麻雀をやっている姿を見て、「おじいさんたちが楽しそうに麻雀をしている」では、わたしの思考はすまされなかったのだ。自動的に「台湾のおじいさんたちはギャンブルが好きだから、今日も、道で麻雀をしている」ととたんにストーリーが変わってきてしまう。

さらに、「日本だったら、こんなことないよな」と追加の感想までついてくる（日本だって賭博の摘発ニュースがよくあるのに）。こんなふうに目に映るものにいろいろな言葉がくっついたのに気づいた瞬間に「愛しています」と繰り返すようにした。

そんなある日、おなかが空いたので、何度か足を運んだことのあるお店に行こうと思いついた。行くまでの道すがら、そのお店の名前や以前そのお店に行ったときに体験した、あまりハッピーとは言えない店員さんの対応などを思い出したのでクリーニングしていった。

そうしてお店に到着すると、出迎えてくれたのはおなじみの店員さんたちだった。同じお店、同じメニュー、同じ店員さん、しかし、サービスは素晴らしいものに変わっていた！　いつものゆるさを残しつつも、お水をつぎにきてくれる絶妙のタイミング、「カットレモンをもうひとつください」と言ったら、小皿に余計にもうひとつ入れてくれる心遣いがあったり、レモンを絞ったあとの手を気にしてこれまたピンポイントでナプキンを持ってきてくれたり、人間味のあるゆるさを残しつつも、その日、そのお店がわたしに与えてくれたものは三ツ星レストラン以上のものだった！

それからはどこに行く前にもクリーニングをするようにしている。

「あそこの豆乳やさん、味はおいしいのだけれど、店員さんが早口で怖いんだよな〜」とふと頭をよぎった瞬間にクリーニング！　その結果、わたしに与えられたものは、楽しい外食ライフだけではなく、その国、土地を通して与えられる、素晴らしい出会いや人間関係、新しい自分と出会えるチャンスだったりする。

台湾には出会った愛すべき人々がいる。名前も知らないけれど、目が会えば必ず笑顔を交わし合うおまわりさんたちがいる。ホームシックになったとき、いつだって優しくわたしを包み込んでくれた道端の植物たちがいる。わたしがクリーニングを通して、こころを開いていなければ、きっと出会うこともなかったにちがいない。

彼らがわたしの日々の生活をどれだけ豊かなものにしてくれているのか、そんなことに気づくことさえなかっただろう。

「何かに対して反対運動を行っているとき、まず気づかなくてはいけないのは、その反対運動はあなたの中で起きているということ。それは元々あったもの。何かにレッテルを貼り続けているとき、わたしたちはわたしたちに与えられている『一瞬』を失い続けている。ホ・オポノポノは失われた一瞬を取り戻すための冒険なんだよ。一瞬を取り戻すだけの価値は十分にある。安心、安全、創造力、生命力、美しさをあなたに与えてくれるのはこの『一瞬』でしかないのだよ」

博士からセルフクリーニングの言葉

「あなたが持つ意見、感情は、あなたの個性だろうか？」

もしもわたしがこう言ったら、どう思う？

「あなたが見ているこの世こそが、あなたの自己が所有しているものすべてだ」

もしもわたしがこう言ったら、あなたは怒り、悲しみ、喜び、何を感じる？

あなたがほんとうの自分でいる鍵は、いつもそこにある。

あなたはいつだって、あなたが今まで溜め込んできたもの（記憶）を、見て、聞いて、話しているんだよ。

どんな存在にも、この宇宙上で必要とされるオリジナルな才能がある

食事をするときの博士は、いつも以上にゆったりと落ち着いて見える。

わたしの観察によると、まず椅子に座る前にほんの一瞬立ち止まり、椅子を眺めてから、ゆっくり静かに腰をおろす。すべての動作はまわりにいる人間のリズムをまったく乱さないよう、すみやかに行われるのだが、わたしはその一連の流れにいつも見惚れてしまう。

食事が出される前は用意されたシルバーのフォークやスプーンを何気なく眺めたり、運ばれてきた料理に手をつける前も、調理された食事や食器やその奥にある何かまで、なんだか優しいまなざしで見つめたりしている。

もちろん、どんなお店でも、入り口にいる人、席まで案内してくれる人、お料理を運んでくれる人に必ず目を見て「ありがとう」とお礼を言う。

ひとつひとつが丁寧で、どんなときもその流れが乱されたところを見たことがない。どんなにその後のスケジュールが詰まっているときでさえ、食事をしているときの博士は同じリズムを保っている。それでいて予定に遅刻することがない。

以前、レストランでわたしが頼んだお料理だけ、いつまでたっても来ないことがあった。次の予定に遅れることを心配したわたしがオーダーをキャンセルしようとするのを博士に止められた。

「それよりもお店をクリーニングした？　食器やお水、あなたが今座っている椅子をクリーニングした？」

次の予定で頭がいっぱいだったわたしはすっかり忘れていた。すぐにお店の名前や今目の前にしているものたち、そして自分自身の焦りに「ありがとう、愛しています」、この言葉を繰り返すと、待っていた食事がさっと運ばれてきて「なんだか魔法みたいだ」と言って皆で笑ったことがあった。博士はこう言っていた。

「この宇宙のすべての存在は『愛している』の言葉が聞きたいだけなんだ。『愛している、だって……』じゃない。ただ、その存在を祝福されたいだけなんだよ。あなたと同じように」

✷

Aloha

「愛している、だってとてもおいしいから」「愛している、だってとても便利だから」、こんなふうに言うのに慣れているわたしは、博士の言葉にぎくりとした。

よくクラスで四つの言葉を心をこめて言うのが難しいと言う人に博士は「心をこめる必要は一切ない」と答える。

このとき、わたしはその言葉が腑《ふ》に落ちた。心を無理矢理こめようとすると必ずわたしは「だって」が出てきてしまう。クリーニングはそれぞれが持つ記憶というしがらみをカットして、元の自由な状態になっていくためのもの。だから、わたしはクリーニングするために「愛している」と言うのだ。良いヒトになるためではない。そんな期待や意志はわたしのウニヒピリにとって、重い重い荷物なのだ。

「『愛しています。だって……』で結びついた関係は痛みを伴うんだよ。あなたは理由があって愛されたい？　それとも無限に広がる本来の愛の元にいたいかい？」

理由のある愛は嬉しいけれど、ものすごく辛い。そのことは痛いほど体験してきた。

「どんな存在ももともと誰かから何かを言われなくても、無限の愛とつながっているんだよ。心をわざわざこめなくても『愛しています』と言うだけでクリーニングが始まる。もともとの状態に戻っていくだけのこと。期待や執着から愛を伝えることとはまったく違うことなんだ。少なくとも、相手の存在を認めてあげることができるよ。『ここにいる。いてくれてありがとう』と自然に思えたとき、今度はわたしが『わたし』を取り戻す」

運ばれてきた料理を味わいながら、わたしがクリーニングを続けていると、博士はこう話してくれた。

「どんな存在にも本来の完璧な才能がある。どんな存在にもこの宇宙で発揮する素晴らしい才能がある。あなたがクリーニングしてゼロの状態であれば、あなたが関わるすべての存在がその才能を取り戻し、もともとのバランスを取り戻していくよ。頭で考えたスケジュールや計画なんかよりも、よっぽどすごいことがたちまち起きてくる」

博士といっしょにいると、無理のないペースの中、物事がスムーズに進んでいくという体験をよくする。そのとき必要な時間も人も物も、ぴったりと揃っている。意地悪だなと思っていた人が、その瞬間、最高のアイディアを与えてくれたり、不便だなと思っていたホテルが想像を超えるような心地よさ、安心感を提供してくれたり。

「まだモーナの元で学ぶようになって間もない頃、食事中に彼女がフォークを床に落としたことがあった。僕はあわてて新しいものに取り替えてもらおうとウェイターを呼ぼうとしたら、彼女は静かに落としたフォークを拾って、それにキスをしたんだ。僕があっけにとられてそれを見ていると、彼女はただ黙ってまた食べはじめた。そして聞こえないほどの小さな声でフォークを見ながらこう言った。『このわたしの人生の中でもう一度現れてくれて、クリーニングのチャンスを与えてくれた、最高にプレシャスな存在なのよ』と。彼女は変わっていたけれど、あらゆるものに愛されているように当時の僕には見えたよ」

それはそのまま、わたしが博士に見ていることとだった。

博士のまわりにあるさまざまなモノたちは、自分の存在をやっと認めてもらえたことに喜んでいるように見える。博士の静かな優しさで、声を持たない存在がキラキラと、そのいのちをもう一度輝かせてもらっているようにわたしには見える。

だって、博士のそばにいるとき、普段何気なく通りすぎてしまうような道やすれ違う人々、黙々と口に運ばれる食べ物やレストランのテーブルに置かれている形さえ覚えていないような塩コショウの瓶などが、まるではっきりと目に映り、そのユニークさに心を動かされ、その存在に感謝せずにはいられなくなるのだ。

何よりも、わたし自身が博士のそばにいるとき、所在ない不安定な感じでバッタバッタと動き回るのではなく、すべきことにすぐにピントが合うような体験をしたり、いちいち大きい声を出さず静かにしていても、ちゃんと存在を認めてもらっているようなそんな安心感に包まれたりするのだ。

無視をされるのって、とても辛い。無視をされているとき、自分はどこにいたらいいのかわからなくなる。もっとしゃべってアピールするべきか、それともひたすら隠れていたほうがいいのかと立ち止まり、わたしはすべきことを見失い、ますますドジをしてしまう。

「無視」とまったく同じことをわたしは他のモノに対して、そしてわたし自身のウニヒピリに対してしていることにうんと気づかされた。そして、わたしが関わるものや自分のウニヒピリに無視を続ければ、わたしこそが、自分の居場所を見失ってしまうということを知った。

「アイラブユー」と声に出さなくてもいい。ただ、こころの中で唱えてみる。イメージの中でその言葉を目で追ってみるだけでもいい。

わたしが愛情を感じるかどうかではない。愛はもともとわたしの中にある。わたしは「アイラブユー」「愛しています」、ただそれを口にして、スイッチを入れてゆく。毎瞬毎瞬、パチパチと、現れる体験にスイッチを入れてゆく。そうすると、わたしとわたしのウニヒピリ、そしてウニヒピリが見せてくれる数々の存在とのつながりが取

✷

どんな存在にも、この宇宙上で
必要とされるオリジナルな才能がある

り戻され、それぞれの存在にとって正しい場所やタイミングのバランスが整えられてゆく。

「あなたにしかない才能がある。今はまだわからなくても、焦る必要はない。つかみ取る必要はないのだから。今目の前にあるものをクリーニングして、取り戻していくだけなんだ。そして、あなたにしかない才能を持っている自分に気づけば、自分を愛さずにはいられなくなるよ」

そう言って、博士はお気に入りの「オンリーユー」を歌いはじめた。
わたしには、その自分にしかない才能をまだ目で見たり感じたりすることがなくても、クリーニングすることでスイッチを入れていくことができる。入れても入れてもスイッチを入れる機会はまだまだ現れるばかり！

博士からセルフクリーニングの言葉

クリーニングすると生まれるのは信頼関係。
ホ・オポノポノは過去に自分が犯してきた過ち、
そして、たましいを痛めつけるような悲劇を今この瞬間癒《いや》し、
元のピュアな状態に戻すプロセスなんだ。
今目の前に起きていることを通して、
もう一度自分を取り戻す。

その結果、わたしの中にある三つの自己が信頼関係で結ばれる。

何が起きていてもこの一瞬を取り戻すことができる。

この一瞬の中でしか、わたしたちは他の何もかもとつながりを持つことができないよ。

喜びも苦しみも
ぜんぶ自分の中にあるからね

ある年の博士の来日中、いっしょに明治神宮の菖蒲園《しょうぶえん》に行ったことがある。

菖蒲の花たちはいろんな種類の紫色を輝かせながら池の中でまっすぐに立っていた。

わたしたちはできるだけゆっくりと、何も言わずに池のまわりを歩いた。その時期だけに咲く菖蒲を見るために、道は多くの人たちで埋め尽くされていた。

わたしたちは、先ほどから後ろにいた長い列の一行が先に行くのを少し待つことにした。その列の中を歩くひとりのおばあさんがわたしの目に入ってきた。彼女は腰がとても曲がっている。小さなからだで一生懸命、列についていこうとしていた。そして次に、彼女のすぐ後ろを歩く女性ふたりの会話がわたしの耳に入ってきた。

「いやねえ、みっともない。腰があんなに曲がっちゃって」

「さっきから地面しか見ていないじゃない。ここに何をしにきているのかしらねえ」

喜びも苦しみも
ぜんぶ自分の中にあるからね

その瞬間、わたしの中にどろどろとしたいやな感情があふれた。前を歩くおばあさんの耳に届きませんように。なんでこんないやな言い方をするのだろう。わたしは一瞬のうちに悲しさと怒りでどうしようもない気持ちになってしまった。

すると、博士がわたしに尋ねた。


「今どんな体験しているの？」


博士は日本語がわからないはず。あのふたりの会話が聞こえるわけがなかった。わたしがあまりにも感情的になりすぎて、メラメラとしたオーラを出していたのだろうか？　どうであろうと聞かれたことに対して正直に答えることにした。

わたしが目にしたこと、耳にしたこと、どう思ったかを博士に正直にお話しした。話しているあいだ、わたしは変に興奮したものを感じていた。「わたしが感じることって人として当たり前の感情ですよね？　当然の気持ちですよね？」と。

私自身が感じた屈辱を払拭したくてたまらない感覚を味わっていた。博士と話すとき、よくこんなふうに奥のほうからさらなる想いが顔を出す。

ところが、博士はとても真剣な厳しい表情でこんな話を続けたのだ。

「笑っている人がほんとうに幸せかがどうしてわかる？　涙を流してうつむいている人がほんとうに悲しみの中にいるかがどうしてわかる？

まず、聞いてほしいのは、すべてがあなたの目に映っているということ。聞こえているということ。外に悲しみが見えたり聞こえたりするとしたら、その悲しみはあなたの中にあるということだよ。

木を見てごらん。その木を見て、あなたにはその木が嬉しそうに見える？　それとも悲しそうに見える？　木は涙を流さないよ。木は大声で笑ったりしないよ。木はただ、そのいのち、アイデンティティーのままいるよ。雨の日も、晴れの日も、外側で起きていることが問題ではない、ただ自分のいのちを生きている。

その木を見たときに、あなたが美しいと感じるか、それとも醜いと感じるか。それはその木には関係のないことなんだ。あなたの中で起きていることなんだよ。

このことは人にも言えるよ。あなたが誰かを見て、どんな感情があるか、どんな反応が現れるか、あなたはそのことをまずはクリーニングするんだよ。

記憶とともにいつまでもいるよりも、あなたはクリーニングすることができる。クリーニングして、何かがまた顔を現したら、それをクリーニングする。あなたはそのことにもっと責任をとっていいいんだよ。主人公はあなたなんだから」

わたしはなんだか、少し恥ずかしくなってしまった。いつもわたしは感情の渦に巻き込まれがちである。映画やドキュメンタリーなんかを見ると一気に感情があふれてくる。悪いことではないとしても、博士の話を聞いていて、まるで思いっきり遊ぶだけ遊び、散らかし放題、後片づけをしない子供、そんな自分の姿が目に浮かんだ。

「彼女は天使だよ。大いなる存在が創り出した完璧な存在だよ。腰が曲がっていても、彼女の目線がどこを追っていようとも、彼女は平和で満たされているかもしれないよ。あなたがあなたの中で見えたことをクリーニングすることで、どれだけの人が自由になれると思う？　あなたはものすごい責任を担っているんだ」

わたしはクリーニングして、木を見守ることもできる。自分が好きな形になるようにと、のこぎりを使って枝をそろえたりはしない。添え木を使ってまっすぐ育つようにもしない。天候を調整するために温室に入れることもない。しかし、クリーニングをして、その木がそのいのちをめいっぱい表現できるように、そして何よりもわたし自身がその木を、いのちを、そのまま眺められるように、わたしはわたしの中でクリーニングし続けていく。

あるときは、その木のそばを通った人が「おかしな形をした木だなあ」と言うかもしれない。伸び過ぎた枝がわたしの手を引っかくかもしれない。長いときを経てその木はもう再び美しい花や実をつけることはなくなるかもしれない。

その都度、恥ずかしさや悲しみ、怒りなどの感情がわたしの中から発せられるだろう。博士の言うとおり、すべてはわたしの中から発せられているのだ。だから、自分から投げ出されたそのような思いは自分でお掃除しなくてはいけない。ひとつひとつの想いに「ありがとう、愛しています」。

そうすると、イメージの中でだけでもなんとなく、その木とわたしのあいだにあった、いろいろな重い想いがかき出され、わたし自身がうんと平和な気持ちになれるのだった。そうだった。わたしのウニヒピリは自由になることを望んでいる。

✵

喜びも苦しみも
ぜんぶ自分の中にあるからね

「平和はわたしから始まる」のだった。

そうこうしているうちに気づいたことがある。腰の曲がったおばあさんの後ろにいたふたりのおばさんが発した言葉の前に、わたしこそがいちばん先におばあさんにこころの中で投げかけた言葉を。「腰が曲がっていてかわいそうだな」。

わたしが感じたこと、見たことをクリーニングする責任があるのはこの世で唯一ただひとり、このわたしなのだ。おばさんたちが投げかけたいやな言葉たちは、それを気づかせてくれるためのものだったのかもしれない。

博士は最後にこんなふうに言った。

「もちろん、時に行動が必要なこともあるよね。目の前で起きたことに対して、自分の中から出てくる感情をクリーニングする。

クリーニングをしたらね、その瞬間何をすべきか、ちゃんと見えてくる。あとは、それを誠実に表現していくかどうか。

もし何をすべきかわからないときは、またクリーニングする。クリーニングして、何か行動をする、そしてクリーニングする。その繰り返しだよ。いつでも、どんなときも、何が目に映ったとしても、もう一度、クリーニングするところに戻ってほしい。あなたが『ほんとうの自分』でいるためには、ウニヒピリの協力が不可欠なんだよ。ウニヒピリはあなたが誠実かどうか、よおく見ているからね」

博士からセルフクリーニングの言葉

あなたの持っている苦しみはあなただけのものではない。

大きな時間の流れの中で、時間、土地、動物、植物、人、空気でさえも、この苦しみを体験してきた。

そして、あなたは今その苦しみを手放そうとしている。

あなたのために、
そしてそれはあなたの隣人さえも苦しみから解放するんだよ。

誰かになろうとしなくていい。
あなた自身でいてほしい

博士といっしょにいると必ず言われるこの言葉……。

わたしにとってはなかなか難しいことだ。ほんとうにいつだって、わたしは何者かになろうとしてしまう。こういう仕事をしているから、日本人であるから、女性だから、何歳だからとか、こういう経験をしてきたからとか。このひとりゲームをいつのまにか始めてしまう。

ある国の大学で、博士が講演を行うことがあった。「政治家や大学の偉い教授が集まるのだよ」と仲介に入ってくださったコーディネーターの方が言っていたので、わたしは少し気を張っていた。

誰かと会う前に、博士は必ず、その人のフルネーム、可能であれば生年月日、職業、会う場所をあらかじめ聞いて、会う当日までクリーニングを続ける。その情報の中から現れる自分の感情、つまり、もともとその人とのあいだにあった記憶をできるかぎりクリーニングしたうえで会うことを大切にしている。そのときもそうだった。わたしもわたしがわかるかぎりの情報の中でクリーニングを続けていた。

当日はクリーニングのおかげか、とてもスムーズに講演が行われた。講演会のあと、協力していただいた皆さんや教授、政治家の方々とお茶をしたときも、とても和やかな時間だった。

ところが帰り道、博士はわたしにこう言ったのだ。

「一日お疲れさまでした。あのね、誰かになろうとしなくていい。あなた自身でいてほしい。あなたが誰かでいようとするかぎり、みんな手放すべきことを手放すチャンスを失うよ」

その瞬間、わたしは一日の緊張が一気にゆるみ、それまでからだがおかしなくらいこわばっていたことに気がついた。怒っているわけでもないのに、頭に血が昇っているのを感じた。

「勇気のいることかもしれないけれど、今日あなたがあなたでいることにコミットしたときに見えてくることこそ、あなたが今見るべきことなんだ。それが、わたしたちが今取り組むべきことなんだ。

光はいつでもついている。消えることはない。愛は始まりも終わりもない。いつも注がれている。だからいつかではなくて、今あなたでいてほしい。あなただけがクリーニングをスタートすることができる。あなたしか、その光を遮るフタをどけることができない。

光が当たったときに最初に見えるものは、ゴミかもしれない。でも、それは、わたしたちが手放すべき問題なのだから、見せてくれるのを待っているよ。

最大の才能とは、『自分そのもの』でいることだよ。すべての存在が本来自分の才能を持って生まれてきている。自分が自分の才能に気づいたとき、まわりのひとつひとつ、原子と分子もそれぞれの才能に気づくんだ」

わたしが記憶から話すとき、相手が聞いてくれるのはもちろん記憶。わたしが記憶から装っているとき、相手が見るのはもちろん記憶だ。

「良い子でいなくていいんだよ。あなたがあなたでいるためにただ今のあなたをクリーニングしていてほしい。あなたの今日いちばんのミッションだよ。あなたのためにに言っているのではない。あなたがあなたでいないことで、わたしは自分自身を見失うかもしれない。あなたがあなたでいないことで、講演会の中で受け取るべきものを受け取れない人が出てくるかもしれない。あなたがあなたでいないというその歴史は、未来の子供たち、そしてあらゆる存在からも『自分自身』でいられる場所や機会を奪ってしまう」

女性である、何歳である、こんな家族がいる、こんな教育を受けてきた、こんな職業をしている……。

これと同じように、ホ・オポノポノを知ってからは「クリーニングしている自分」という役柄も新たに加わった。ホ・オポノポノを介して人と出会うとき「クリーニングしている自分」という誰かさんになろうとしているわたしがいる。

「ハワイアンはね、どんな植物もそれぞれに才能を持っているのを知っている。ものすごいとげを持っていたり、臭かったり、毒を持った実をならす植物さえも、それぞれにかけがえのないたましいがあることを知っている。

その臭さをかいで、目を覚ましたり、その毒がわたしたちを虫から守ったり、わたしたちには理解を超える神聖な存在だからこそ、わたしたちはただその存在に対して祈るんだよ。どんな存在もわたしとディヴィニティーがお話をするための仲介役なんだ。

植物だけではない。どんな人間にもそれぞれの才能や個性があることにひとたび気づけば、あなたがあなたでいることで、わたしがわたしでいられるという奇跡のような法則に気づくことができる」

博士からセルフクリーニングの言葉

あなたはいつも何者かになろうと一生懸命、疲れて大変そうですね。
でも、あなたがクリーニングをして、ゼロであれば、
インスピレーションを通して、大いなる存在があなたを使って表現してくれるよ。

「考えること」に誰もが中毒になっているんだ。
そんなとき、大いなる存在はあなたにこんなふうに話しかけているはず。

「ハロー！　さっきからウニヒピリがあなたに話しかけていますよ！」

たった一度でもクリーニングできたことで、わたしはもう一度、いのちを与えられたのです

ホ・オポノポノと出会って以来、何度かハワイを訪れた。そして、モーナさんの時代からの学びを受け継いできた博士のように、あるいはもっと長い時間をかけてクリーニングを学んできた人たちと会う機会をいただいた。

年齢も職業も住む場所も、みんなそれぞれバラバラだが、何十年と移りゆく時代や環境の中でクリーニングを実践してきた人たちだ。町でもしすれ違っても、彼らが何十年もホ・オポノポノをやってきた人ですよ、なんてもちろん誰も気がつかない。

しかし、それぞれが自分の世界の中で、ホ・オポノポノを通して長年責任をとってきた人たち、わたしにとってはものすごい人たちだ。

アメリカの南部に住むあるひとりのおばあさんは、かわいらしい小学生のお孫さんの写真を見せてくれた。ある人はネイティブハワイアンで古代ハワイ王朝に伝わる演

✴

たった一度でもクリーニングできたことで、
わたしはもう一度、いのちを与えられたのです

劇の継承者、いつもきりっとしている。シリコンバレーでエンジニアをしている男性は、ラテン系アメリカ人で信心深いキリスト教徒。KRさんはいつお会いしても、笑顔で「ハ〜イ」と声をかけてくれる。「ロマンスはウニヒピリが運んできてくれるんだよ」と教えてくれた素敵なご夫婦は、カイルアという閑静な住宅街に住み、日々ご夫婦で、太陽のような笑顔でコミュニティーボランティアに勤《いそ》しんでいる。

アメリカ軍心理カウンセラーの女性や弁護士など職業はバラバラ。ハワイ島のコーヒー農園のおじいさんは、「これは数年前に博士といっしょに植えた木だよ」と教えてくれながら、他の苗木と比べるとまだ小さいけれど、キラキラと輝く赤く甘いコーヒー豆を生でかじらせてくれた。

彼らとお話しさせていただきながら温かい時間を過ごさせてもらったことは、わたしの人生における宝物だ。不思議と彼らといると年齢も国籍も違うのに、緊張しすぎることがない。額《がく》のようなものが人と人とのあいだにあるとすれば、それがそのまま外れてしまったような関係でいられる。その人を通して自由な自分を再発見できることがしばしばある。

そして、思い返すとあることに気がついた。会話のどこかで彼らが共通して言って

いたこと。

「ホ・オポノポノをしていなかったら、今ごろ命はなかった」

高齢者もたくさんいるし、長年生きているあいだに、やはり危ない目にも遭ってきたのだろうと思って、深く考えないようにしていた。

あるときオアフで海を見ながら、博士と朝ご飯を食べていたときのこと。博士はぼそっと言った。

「ホ・オポノポノをしていなかったら、今ごろ命はなかったよ」

彼らと同じことを言っている。わたしはつかさずこう聞いた。

「博士、一体何かあったのですか？ 実は、今まで博士のご紹介で会ってきた人も、みんな同じことを言うのです。今ごろ命はないって。何かあったのですか？」

博士は続けた。

「ずっとクリーニングしているとね、自分が自分でいないこと、自分を見失っている

たった一度でもクリーニングできたことで、
わたしはもう一度、いのちを与えられたのです

ことがどれだけ恐ろしいことかがわかってくるんだよ。このテーブルもこの椅子も、この芝生も、ほんとうの自分を見失っているとき、そこに命はないんだよ。そこで呼吸をすることはできない。光もない。真っ暗なんだ」

わたしは悲しかった。なぜだか博士の話を聞いたとき、心臓がぎゅっとするほど、痛いような感覚があった。

そのとき、わたしはもう少しずつ気づいていたのだ。自分が自分を見失っているとき、つまり、三つ家族がバラバラの状態のとき、同時にここに今ある何もかもがそれを体験しているとき、そのことがどれだけ苦しいことなのか、いのちに光が当たっていないことがどれだけ病と傷に満ちたことなのか。

「でも、ひとたびクリーニングをすると、あらゆる時を超えて、そこで止まってしまっていたものが再び流れ出す。シェイクスピアが言うように、生きるべきか、死ぬべきか、それが問題だ。クリーニングするか、滞ったままでいるか。責任はどこにあると思う？」

「誰の責任か？」。この問いかけはクリーニングの土台になるもの。どこにいても、問題を体験するかぎり、その原因となる記憶の所有者であるわたしが選択をすることで初めてホ・オポノポノはスタートする。

ハワイで出会った、ホ・オポノポノの賢者たちは、静かな生活を通して、皆人生の中で現れた問題に、どんなときもまずは自分が選択をしているというスタンスを崩すことがない。わたしはそんな皆さんが大好きで、思い出すたびに、まるですべての源から発光しているようなはっきりした明るさをわたしに与えてくれる。

あるとき、オアフに住む、博士の長年の友人であるご夫婦と会話していたとき、奥さんがこんなことを言った。

「この時代に生まれてこられてよかったです」

わたしは平和ぼけをしてしまっているのか、そんなふうに心から思えたことはなかった。むしろ、もっと自然豊かな時代に生まれたかったとか、経済に活気があるときだったら楽しかっただろうなとか、悲しいニュースが続いたときは、この世はなんて

✷

たった一度でもクリーニングできたことで、
わたしはもう一度、いのちを与えられたのです

恐ろしいのだろう、そんなふうに考えたりすることさえある。

「なぜそう思うのですか？」とわたしが尋ねると、今度はご主人がゆっくりこう言った。

「時間は人間が創り出したコンセプトです。時そのものは、わたしたちと同じように記憶を持っているんです。今回、こうして、意識があるあいだに、たった一度でもわたしがここでクリーニングできたことで、わたしはもう一度、いのちを与えられたのです。このたった一度のクリーニングは、誰が何と言おうと、あらゆる時を超えて、過去に起きたあらゆる悲しみや罪を、この瞬間で癒《いや》し正し、わたしのたましいにもう一度光を照らしてくれた。そう思うのです」

優しい静かなまなざしで、まっすぐにそうお話しするおふたりの姿を、わたしは今も覚えている。今日一日たった一回でもクリーニングできたこと、その豊かさに感謝することを彼らは教えてくれた。

数年に一度、そんな彼らが一同に集うことがあるそうだ。わたしは幸運にも、その

会に出席させていただいたことがある。

ミーティングというから、緊張感あふれる会かと思いきや、それはKRさんのご自宅で行われるホームパーティーだった。みんなひとり一品、何か料理やフルーツを持ち寄って、いっしょに食事をする。ただただそんな会だった。

おいしい食事を心優しい人たちとともにしながら、リラックスをしていた。

ヒューレン博士はどこだろうとふと探してみると、KRさんご自慢の広い真白なシンクで黙々とお皿を洗い続けていた。その横では、弁護士の女性がすばやく、丁寧にお皿ふきをしている。いちばん若い自分は何もせず、なんだか申し訳ないような気持ちになって「わたしに洗わせてください！」と言うと、博士は大きな笑みを浮かべて、「おいおい、今はクリーニング中なんだよ。僕のしごとを奪わないでくれるかい？」と楽しそうに言っていた。

なんだか不思議な気持ちになって、まわりを見渡してみると、年齢も見た目も皆異なるのだが、それぞれが自然とその場で役割を見つけていた。あまった食事を持ち帰れるように、タッパーに移し替えたり、再会を喜んで抱きしめ合っている人たちがいたり、KRさんの愛犬たちとお庭で遊んでいるおじいさんもいた。

たった一度でもクリーニングできたことで、
わたしはもう一度、いのちを与えられたのです

わたしは、「幸せな光景だな、でも、どうしよう、わたしができることはなんだろう」とクリーニングしていると、誰かに背中をつかまれた。KRさんのお孫さんたちが「遊んで」と言って、奇抜な色をしたスライムのおもちゃを出してきた。わたしはなぜだか、ものすごく楽しくて、子供たちといっしょに時間を忘れて遊んだ。

特に誰かが、ホ・オポノポノのことを話し出すわけではない。彼らが実践するホ・オポノポノは「セルフ・アイデンティティー・スルー・ホ・オポノポノ」なのだ。どんなときも、自分の中で自分ひとりで始めることができる。

そのことをうんとよく知っている人たちが、この瞬間、自分自身やこの家、そこにいる人の中に現れる出来事を、ただ黙々と皆がそれぞれ自分の責任としてクリーニングしている。ここが、そういう場であることがはっきりと感じられた。それは、とても美しく、自由で平等で優しく心地よいものだった。わたしの中の平和を体験することができる場所だった。

わたしはなんだかとても感動してしまって、その光景をゆっくり眺めていた。

いつのまにか博士が横にいた。そして、なぜだか、わたしにこんなことを言ってく

れた。

「自殺が起きるところには、絶望がある。その絶望の種というのは、どの家庭の中にもある。わたしの中にもある。外で起きていることなんて、ひとつもないんだ。自分が手放して、自分が愛を体験できなければ、この地球が愛を感じることもできない。台風の中心は、いつも静かなんだ。ホ・オポノポノもいつもそこから始まるんだよ。まずは自分の内に平和を。

でも、ホ・オポノポノは、その中心がどんどん外側にも広がるという流れを持っているんだよ」

わたしは、この人たちに一体どんな家族がいて、どんな半生を送ってきたのか詳しくは知らない。ただし、出会う機会を与えられ、そのとき、たまたま会話したことや、おかしくて笑った出来事、誰かが飲み物をこぼして、そのときそれぞれがすべきことをする。そんなひとつひとつの細かな出来事の根底に「わたし」がクリーニングを始めるという責任と、そこから生まれる相手への愛によって、この縁が行くべき場所に動いているのを見せてもらった。

博士からセルフクリーニングの言葉

わたしたちの住む地球は、宇宙のあらゆるトラブルメーカーを受け入れてくれた。

ここでそれぞれがクリーニングを続けさせてもらっているんだ。

そんな中、あなたとディヴィニティーのつながりをふと体験できるときがある。

「アロハ」。あなたが何かに美しさを見たとき、それはディヴィニティーの目で見ているということ。

「アロハ」。あなたが何かに美しさを聞いたとき、それはディヴィニティーの耳で聞いているということ。

あなたが自由で豊かな体験をしたならば、あなたが「ほんとうの自分」を通してディヴィニティーの大いなる愛に触れたということだよ。
「アロハ」。そして、あるとき、

足あとを残さない。今日出会う人、道、出来事、情報に自分の足あとを残さず、毎瞬を完了していく

博士がクラスの講演のために来日したある夜、「クリーニングは進んでる？」と聞かれたので、わたしはこう答えた。

「今抱えている人間関係の問題に対して、毎日思い出すたびにクリーニングしています。ウニヒピリのケアもできるだけするようにしています」

すると博士はこう言った

「何か問題を解決したいときこそ、どうか日ごろ触れ合うひとつひとつをクリーニングしていくことだね。あなたは毎日どれだけ多くの人と会っているだろう」

今日一日、わたしが会い、連絡をとり、または意識した人たちを思い出してみた。

同僚たち、同僚の娘さんが熱を出して夜中大変だったそうだ。通勤途中で通りすがりの人に傘がぶつかって舌打ちされた。いつものコンビニの店員さん。スカイプで母と話した。忙しい弟となかなか連絡がとれないと嘆いていた。ランチしたお店の店員さん、すごくイライラしていたな。父からメールが来た。おばあちゃんともに元気だとの報告。でもほんとうに健康でやっているか少し心配。

ネットで好きな芸能人のブログを読んだ。被災地にいる人々の姿をニュースで見た。それに対して非難されている政治家の姿も見た。写真の整理をしていたら、高校時代の写真が出てきた。十年近く会っていない同級生を思い出した。元気にしているかな。友達から新しい彼女ができた報告をメールでもらった。どんな女の子なんだろう。

意識して見てみると、一日のうち、会った人、実際に言葉を交わした人はたくさんいる。さらにその人からつながってわたしの頭の中で勝手に思い出される人、考えに浮かぶ人まで入れたら、一日二十四時間、わたしはどれだけの人との出会いを重ねているのだろう！

博士は言った。

✷

足あとを残さない。今日出会う人、道、出来事、
情報に自分の足あとを残さず、毎瞬を完了していく

「一日のうち、電車や、行ったお店、目に入ってくるモノ、口にした食べ物、触ったモノ、メールや洋服やいろいろ、たくさんあるね」

朝の電車はものすごく混んでいた。厚着してしまったことにものすごく後悔した。ある電車広告に不快感を覚えた。オフィスに行ったら換気されていないからかいやな感じ。今日にかぎって英語の難しいメールばかり、なかなか作業が進まなかった。ランチで行ったお店、味はおいしいのに出てくるのが遅くて焦って食べた。いつもよりもスープの量が減っていたような気がする。

しごとが終わってから立ち寄った本屋さんでは、目当ての本が見つからずがっかり。その代わりとってもきれいな写真集を見つけたのだけれど、高額だったのでもう少し考えることにした。帰り道はやたら自転車が多く、何度もぶつかりそうになった。

住んでいるマンションの近辺は、昔はもっときれいだった気がするけど、最近はポイ捨てが多くてカラスも増えてきた気がする。育てているプラントは土の感じがよくないのか、水の量がいけないのかしぼんでしまった……。

たった一日でこれまたものすごくたくさんの場所に行って、たくさんのことをしている自分がいる。

「自分が関わったそれぞれの人、場所、コトに対して現れた自分の反応を、ちゃんとクリーニングしたかい？」

博士はわたしにこう尋ねた。電車に乗る前、朝パソコンを起動する前、ランチを食べる前、イライラしていた店員さんに、テレビをつける前、被災地に対して、マンションに対して、きっとこのくらいはクリーニングしたはずだが、自分が持った反応、メッセージに対して丁寧にクリーニングしただろうか。

「あなたがそれぞれに対してクリーニングしないでそのまま毎日を終えてしまったら、ウニヒピリは呼吸ができないよ。

たとえば、訪れた場所、関わったもの、想いを持った人、それぞれの存在とあなたのウニヒピリがそれぞれ色のついた糸で結ばれているとしよう。行く先々であなたの

足あとを残さない。今日出会う人、道、出来事、
情報に自分の足あとを残さず、毎瞬を完了していく

ウニヒピリは人やものとその糸で結ばれるんだ。その糸はあなたがクリーニングしないかぎり切ることができない。ウニヒピリはあなたがクリーニングをするまで、その糸をつかんだままでいる。糸はどんどん増えていき、しだいにもつれウニヒピリに絡まっていく。体中に巻きついた幾億もの糸によってウニヒピリは身動きがとれない。あなたのウニヒピリはそんな状態で毎日を過ごしているんだよ。そしてそのウニヒピリはあなた自身なんだ」

博士はこう続ける。

「あらゆる色のついた糸が重なりあい、その中から物を見て、言葉を発し、何かを聞いている。わたしたちは普段、記憶を見て、記憶を聞いて、記憶を話しているんだよ。何ひとつありのままを見ていない。だからクリーニングをする。クリーニングによって糸を一本一本切っていくんだ。僕たちはその糸を『アカ・コード』と呼んでいる」

※「アカ・コード」縁のようなもの。あなたと人、場所、ことがらを結ぶもの。思考によって結ばれる。このアカ・コードによって、しがらみや念なども働く。

わたしは今日一日を通して、自分が訪れた先々でものすごくたくさんの思いや感情を持ったことを思い出していた。ウニヒピリが目に見えるわけではないけれど、そんな博士の話を聞いて、わたしにとっては毎日の当たり前にしている行為の裏で、わたしのウニヒピリはアカ・コードと呼ばれる糸にさらに重くしばられていることを知り、こころから「ごめんなさい、許して」と思う。

「ウニヒピリ、無視してきてほんとうにごめん」「自由になって、ありのままを聞いて、ありのままを見たい」、こんな気持ちが自然と湧いてくる。

「同時にね、クリーニングしないかぎり、わたしたちは常に土地、人、モノに対しても自分の糸をさらに植えつけていくんだよ。まっさらで何もない完璧で美しい状態に、いろんな足あとを残し合ってつながっているような状態。そうして、土地も人もモノもすべてが荒らされ、本来の自由を失っていく。これって虐待だね。ほんとうの自分を見失うんだ。

過去に一体何があったのかは、わたしにはわからない、でも今この瞬間、もう一度それぞれが自由になる機会としてまた出会っているんだ。わたしたちとその土地がアカ・コードという糸から解放され、自由になったとき、初めてそれぞれが本来のつながりを取り戻せるんだね。これは土地や人、どんな存在にも同じことだよ」

もう二度と会うこともないだろう人、歩くことのない道、それぞれに対して、わたしがクリーニングをしないかぎり、ほんとうの完了を迎えることはない。そうして、わたしは中途半端なつながりを持ったまま、だらだらとそしてウニヒピリに苦しい思いをさせたまま毎日生活しているのかもしれない。

「わたしたちはほんとうのしごとに取りかかるよりも、いつでもどこでもあちこちに自分の足あとを残すことで大忙しだ」

家、友達、家族、恋人、しごと、電車、車。自分が良く思われたい、悲しい、辛い、醜い、うるさい、古い……自分の記憶の再生である感情をそのまま足あとに残してそれぞれとの本来の完璧な状態を遮ってしまっているのは、わたし自身だ。

「ネイティブアメリカンはね、自分たちが生活する場所、訪れる場所に自分たちの足あとを残さない、ということをとても大切にするそうだよ。だから彼らは、教会もお寺も建てたりはしないんだそうだ」

人や場所に不快感を持ったとき、クリーニングする。

人や場所に愛着を感じたとき、クリーニングする。

良いことも悪いことも、この瞬間、それとわたしが自由になっていくチャンスとしてウニヒピリがやっと持ち上げてくれた糸をわたしはホ・オポノポノでカットする。

「見せてくれてありがとう」。

わたしは中学生まで住んでいた都内のマンションを思い出した。十年以上その町を訪れていないので忘れていた。あのマンションでわたしたち家族は一体どれだけのけんかを繰り返し、傷つけ合い涙を流してきただろう。「こんな家、早く出ていきたい」。わたしはお家さんにどれだけこの言葉を浴びせてきただろう。

足あとを残さない。今日出会う人、道、出来事、
情報に自分の足あとを残さず、毎瞬を完了していく

中学二年のとき九か月だけ暮らした葉山の家を思い出した。母と弟とわたしの初めての三人暮らし、初めての転校。通勤に疲れきった母は毎晩ベランダからどんな気持ちで夜中の暗い海を眺めていたのだろう。その母のうしろ姿を当時のわたしは心配に、そして少し不安にただ見つめることしかできなかった。短い期間だったけど、たくさんの思い出がいっぱいで東京に戻るのがいやでたまらなかった。最後の最後まで泣いてここに住み続けたいと母にお願いしたが、叶えられることはなく、残念な寂しい気持ちのまま引越しをした。

ずっと忘れていたお家たち、わたしはそこでたくさんの悲しみや感動、嬉しさや興奮、怒りや不安を体験した。きっと初めての恋もそこで味わったはずだ。お金にまつわるいろいろなこともそこで起きた。それは全部、お家たちも体験した。

暮らしも住まいもすべて昔とはまったく違うけれど、わたしの中にはまだそれが全部あるままだ。わたしが昔のお家たちを忘れているあいだも、お家たちはわたしから投げ出された糸にもつれたままだったのだろう。

ひとつひとつクリーニングした。今も思い出すたびにクリーニングする。今住んでいる家も。きっともっと大昔にも関わり合ったのだろう。でもそれを思い出す必要は

ない。今こうして出会い、クリーニングする機会がもう一度与えられたから。

こころの中で昔住んでいたお家のすみずみが思い出された。いまだに忘れられない悲しい出来事も思い出した。マンションの名前、住所、電話番号、思い出すことをひとつひとつクリーニングした。

わたしにはクリーニングによって、その結果何が起きているのかはわからない。わからなくていいと博士は言う。そして、とうとう今、昔住んでいたお家たちと、こうしてわたしの中でもう一度クリーニングを通して出会えることにこころから感謝し、途方もない一方通行の、過去に溺れてしまうような暗い苦しみを終わらすことができる。

ホ・オポノポノのプロセスを通してもう一度出会いを与えられ、もとの場所に戻っていくのだ。

「あなたの中のウニヒピリはね、あなたがクリーニングして、そのもつれた糸をカットしてくれるのを待っているよ。あなたが幾億年もかけて残してきた足あとをクリーニングして、あなたといっしょにインスピレーションとつながるのを待っているよ」

足あとを残さない。今日出会う人、道、出来事、
情報に自分の足あとを残さず、毎瞬を完了していく

博士からセルフクリーニングの言葉

どんなに苦しくて、もう立ち上がるのは無理だなっていうときも、
自分はもう空っぽで、何もやれないようなときも、
たったひとり孤独を感じているときも。

そんなときでさえ、あなたはひとりぼっちじゃない。
空っぽどころか満タンだよ。

あなたの潜在意識には数えきれないほどの記憶がいっぱい。
どの瞬間もあなたの中のウニヒピリはたくさんの情報を見せてくれているんだ。

あなたのその「ああ、もう苦しくて、何もすることはできない」でさえ、

ウニヒピリが、「ほら、手放すチャンスだよ」と見せてくれていること。

どんなときだって、あなたのマインドが休むことはない。
ほんとうの敵は「思考」なんだよ。
それはあなたにとって毒なんだよ。
わたしたちは全員「考える」中毒患者。
この地球はリハビリセンター。
わたしたちにもう一度チャンスを与えてくれている。

苦しみも、恨みも、期待も、絶望も、それですら、何かが創り出したものでも、
誰かによって無理矢理持たされているものでもない。

あなたが孤独を感じているこの瞬間も、
あなたの中で幾億もの存在、歴史が残した数えきれないほどのかけらを、

足あとを残さない。今日出会う人、道、出来事、
情報に自分の足あとを残さず、毎瞬を完了していく

ウニヒピリが見せてくれている。
苦しければまだ起き上がる必要はない。
ただ、横になりながら、目をつぶって、話しかけてごらん。
心をこめなくてもいい。

ありがとう。
ごめんなさい。
許してください。
愛しています。

口に出してみる前に、ほんの少し立ち止まってクリーニングをする

わたしは小さな頃から人をすぐにうらやましがった。あんな家族だったらいいな、あんなお家に住みたいな、あんな学校に行きたいな、あんなペットがほしいな、人を見ればうらやましいところをすぐに見つけられる達人のようだった。

いつからか世の中で聞くようになった「人をうらやましがるなんていちばん恥ずかしいことだ」という言葉。うらやましい時点でちょっとみじめなのに、なんでそんな意地悪なことを言うのだろうと、さらに秘めて人をうらやましがるようになっていた。

しかし、博士のある一言を聞いてから、考え方が少し変わっていった。

それは、一時期芸能ニュースをにぎわせていた、ある芸能人のライフスタイルについてわたしが移動中にうらやましいとつい口を走らせたときだった。その人は誰もがうらやましがる相手と、誰もがうらやましがるライフスタイルを手に入れ、華やかで

笑顔が絶えない生活を送っているのをメディアで公開していた。博士は言った。

「その人の奥で一体何が起きているのかなんて、ほんとうは誰にもわからないんだよ。知っているのはあなたのウニヒピリだけだよ」

そうは言ったって、やっぱり素敵な生活ではないか、みんなあんな生活がしたいに決まっているではないかと、半信半疑で博士の言っていることに耳を傾けていた。

「例えば、あなたのそのうらやましいという思いは糸のようにして、その人の意識、そしてあなたの意識にくっついてしまうのを知っている？　その人がほんとうに幸せでその生活を表現しているかなんて誰にもわからないんだ。人は、ほんとうにフィジカルサインしか見ようとしない。ほんとうのことを見せてくれるのは、あなたのウニヒピリなんだよ。そこに人の意識がたくさん、まるでうるさいほどに引きつけ合って、いつか自由を失ってしまうんだよ」

聞いていてなんだか怖くなった。わたしの何気ないうらやましさが、そして見えないところで起きていることが。博士は続けた。

「どちらにしたって、うらやましさは相手に向けてではなく、あなたのウニヒピリが昔から抱えている記憶であって、たまたま今ある形を通して見せてくれていること。そこをいつまでも無視していたら、あなたこそがいつまでも自分を見失ったままなんだよ」

博士の話を聞いたその日から、わたしは誰かにうらやましさを感じたら、すぐにクリーニングするようにした。うらやむことが恥ずかしいからではなく、自分を取り戻したいから。

そんなある日、わたしは自分よりも年下のとても美しい女の子とお茶をしていた。いろいろと話し込んでいつしか、その子はこんなことを言いはじめた。

「わたしは昔から鏡を見るだけで死にたくなるの。道を歩いていても人と目が合うのが怖くて下を向いているの。外見が気になって仕方がないの。時間が早く過ぎさってほしいの」

びっくりしたのと同時にわたしは悲しかった。なんで、こんなに美しく才能のある子がこんなことを言っているのだろう。そして、すぐに博士が「何が起きているのかを知っているのはわたしのウニヒピリだけ」と言っていたのを思い出した。

そして、その友達の話を聞きながらもクリーニングをしていった。

すると、わたしが十代の頃の、自分の外見に関する悲しい出来事を思い出した。人と比べられる苦しさや、恥など、いろいろとクリーニングしていった。その子と別れたあともクリーニングを続けていった。

苦しさが次第に薄れていったころ、またその友人と会う機会を与えられた。すると、その子はけろっとして、いつもの明るい健康的な笑顔を取り戻していた。

そのときに、はっきりと自分でも気づいたのだ。うらやましさは、自分の中の記憶をクリーニングするために、わたしのウニヒピリが見せてくれていることなのだと。

「どうしようもないんだよ。わたしも、誰も、何かも、それぞれが大昔から詰め込まれた記憶の再生によって突き動かされているんだ。自分の口から飛び出す言葉ひとつでさえ、ほんとうのあなたが口にしたことなのか、それとも、記憶があなたの口を使って話させたのか。どうやったらわかるんだい？

体験していることはウニヒピリが見せてくれたこと。動機もウニヒピリが見せてくれたこと。記憶はネガティヴなことだけではないんだよ。あなたを突き動かすことすべてが記憶の再生だよ。わたしたちは、常に記憶という名の海を泳いでいる。わたしが賢いと思うのはね、どんな波（記憶）の中でもウニヒピリといっしょに泳ぐことなんだよ」

良いことも悪いことも記憶の再生。どんな穏やかな波でも荒れ狂った波でも。

「クリーニングさえしていれば、溺れることはないよ。ほんとうの自分、ピュアなたましいが求めているのは、何もないときに見ることのできる光なんだ。その光があなたに届いたとき、あなたはアイデンティティーを取り戻し、ほんとうのいのちを生きるよ」

✷

口に出してみる前に、ほんの少し立ち止まってクリーニングをする

それでもわたしは望んでしまう。成功、健康、豊かさを。どうしたって、求めてしまう。ときに求めすぎて苦しくて、ときにそれが起動力となる。

でも、それはどうしようもないこと。もうすでにあること。わたしの中にすでにあるこの記憶たちは、はるか遠い昔から時間をかけて集まってきた記憶のカケラたちだ。わたしはそれをできるだけ大切にホ・オポノポノによって、もとの何もないところに戻していく旅を続ける。

「ウニヒピリ、こんな記憶が長いことわたしの中にはあったんだね。見せてくれてありがとう。これをいっしょにクリーニングしようね。ありがとう。愛しています。いっしょにもともとあったゼロの状態に戻っていこうね」

途方もない旅に感じられるけれど、始めたときから、すでにわたしたちは自分を取り戻しはじめている。気づいたとき、愛するものたちに囲まれている。まるで小さな頃のように、わたしに愛情を持って指南してくれるようなものばかりに見える。

人だけではない。モノも時も植物も、しごとも携帯電話も食べ物も、それぞれが「こっちだよ」と何か明るいほうへ、わたしの背中を優しく押してくれている。

「口を閉じてみる。それだけでどれだけ、この世が静まるか。自分が口を閉じても、まわりがうるさいって？　それもぜんぶ記憶の声なんだ」

博士からセルフクリーニングの言葉

「わたしは何も知りません」から一日を始めてごらん。
愛とは自由のことだから。

あなたの名前に恋してください。
ほら、忘れられていた存在が愛を受け取って喜ぶよ。

あなたがどこにいようとも、
すべてがあなたの子供であり、あなたはすべての親なんだ。
この記憶の大海原で出会うすべてのことがあなたに語りかけている。

問題は一体どこにあるのか？
あなたは一体、何者なのか？

監修者あとがき
（ヒューレン博士からのメッセージ）

読んでくださった皆さまへ。

わたしにＳＩＴＨホ・オポノポノを教え、長年、時をともにしたモーナは生前わたしにこう言いました。

「ホ・オポノポノは信じることではない。一瞬一瞬体験していくもの」

わたしにとっても、読者の皆さまにとっても、それぞれのホ・オポノポノは、実践することで初めてその働きが生まれ、存在するということを思い出させてくれる言葉です。

考えるよりもクリーニング。信じるよりもクリーニング。クリーニングするか、しないか、ただそれだけなのです。

問題の原因を永遠に外に追い求め苦しむのか、セルフクリーニングを通して日々内省し、自分の内から平和を取り戻すのか、ただそれだけなのです。

わたしはもう一度クリーニングするために生まれてきました。わたしが今行っていることも、出会う人も（もちろんこの本を通して出会った皆さまも）、見たり、聞いたりする情報も、過去のわたしが溜《た》め込んできた記憶をすべてクリーニングして手放すために現れてくれた神聖な存在です。

そう気づいたとき、問題はもはや問題ではなく、「わたし」という存在を取り戻すためにディヴィニティーが用意してくれた貴重な出会いとして、現れるようになります。つまり、「アロハ（わたしは今かみさまの目の前にいる）」を体験しているのです。

クリーニングを続けていくうちに、ときに頭でホ・オポノポノをとらえようとしたり、結果が気になってしまうとき、こんな声がどこかから聞こえてきます。

「あなたはウニヒピリのケアだけしっかりとやっていてください。あとのことはこちらでやります」

ディヴィニティーのなせるわざをわたしが自分でどうにかしてできるものではありません。わたしがすべきことはいつでもクリーニングなのです。

どうか、自分であることの輝きを絶やさないでください。日々体験されることによって、驚きや悲しみがどんなにあっても、問題の解決をこの瞬間から自分ができることを忘れないでください。

あなたがあなたでいることで、どれほどの喜びがこの世にもたらされることでしょう。それは、あなたとウニヒピリがともにあることでもたらされることなのです。

この本を読んでくださってありがとうございます。あなたのご家族、ご親戚、ご先祖、すべてが理解を超えるほどの平和であることをこころから願っています。

『わたし』の平和

イハレアカラ・ヒューレン Ph.D.

著者あとがき

この本を形にしてくださったすべての方にお礼を申し上げます。

ヒューレン博士、どんなときも真剣に、大切なときはちゃんと足を止めてお話ししてくださったことはどんなに感謝してもしつくせません。

そして、この本ができるまで、クリーニングを通してサポートし続けてくれたKRさん、事務局の皆さん、ありがとうございます。

まさしく、アロハの息吹をこの本に吹きかけてくれたフォトグラファーの潮千穂さん、マノアで雨上がりに艶めいていたというピンクのハイビスカスと素晴らしい写真を通して出会わせてくれてありがとうございます。サンマーク出版の鈴木七沖さん、いつもこころを込めて担当してくださることに感謝しています。

すべての名前を書き連ねることはできませんが、家族や友人、文字を打ち込んでくれたパソコンや居場所を与えてくれたカフェ、机、椅子、すべてがいとしいです。

この本にはホ・オポノポノのハウツーが詳しく書かれているわけではありません。ただし、どんな状況にいても、たとえ今の自分が昔願っていたような理想の自分ではなかったとしても、クリーニングはいつでもスタートするよ、大丈夫だよという博士の厳しくもあたたかいメッセージが伝わる本であればいいなと願っています。

文中でも書いたとおり、ホ・オポノポノには年齢、場所を問わず、誰でもどこでもすぐにできるという素敵な特質があります（飛行機に乗っていようと、親からこっぴどく叱られている最中であろうと、渋谷の交差点の人ごみを歩いていようと、どこでもすぐにできるのです！）。

恥ずかしいことに、それでもいまだに（この本の執筆中でさえ）クリーニングすることを忘れてしまうことがあります。でも、ひとたび思い出し、クリーニングを実践して、「ほんとうの自分」がこの世界から受け取るものを大切にしていきたいと、日々思うようになりました。

クリーニングを通して、自分の奥の奥にいるウニヒピリの部分で許しが体験されたとき、わたしは初めてこの世界で目が覚めたような気持ちになります。それは、博士が教えてくれたアロハのこころを持ったわたしの目が見た世界です。

今まで博士がわたしに話してくれたことをまとめた本をつくりたい、と初めてヒューレン博士にご相談したとき、博士はじっと黙り、しばらくしてからわたしにこう言いました。

「ダイアモンドのようにきらめく一粒石のネックレスをつけているあなたが見えるよ」

それ以来、わたしはこころの中でいつもそのネックレスを身につけています。ホ・オポノポノの「アロハ」を通して人と関わったとき、何かと触れ合ったとき、自分を体験したとき、不思議とその石がきらきらと輝くように感じます。

最後まで読んでくださってありがとうございます。この世に存在するあらゆるものが、「ほんとうの自分」を輝かせますように。

アロハ！

ＰＯＩ　平良アイリーン

Aloha
アロハ!
ヒューレン博士と
ホ・オポノポノの言葉

2013年3月5日　初版発行
2019年6月30日　第4刷発行

著者
平良アイリーン

監修
イハレアカラ・ヒューレン

発行人
植木宣隆

発行所
株式会社サンマーク出版
〒169-0075 東京都新宿区高田馬場2-16-11
(電話)03-5272-3166

印刷
株式会社暁印刷

製本
株式会社若林製本工場

ISBN978-4-7631-3282-6 C0010
ホームページ https://www.sunmark.co.jp